新时期农业经济与管理实务研究

刘恩胜◎著

线装书局

图书在版编目（ＣＩＰ）数据

新时期农业经济与管理实务研究 / 刘恩胜著. -- 北
京：线装书局, 2023.8
ISBN 978-7-5120-5633-6

I. ①新… II. ①刘… III. ①农业经济管理－研究－
中国 IV. ①F322

中国国家版本馆CIP数据核字(2023)第162807号

新时期农业经济与管理实务研究
XINSHIQI NONGYE JINGJI YU GUANLI SHIWU YANJIU

作　　者：刘恩胜
责任编辑：白　晨
出版发行：线装书局
　　　　　地　　址：北京市丰台区方庄日月天地大厦Ｂ座17层（100078）
　　　　　电　　话：010-58077126（发行部）010-58076938（总编室）
　　　　　网　　址：www.zgxzsj.com
经　　销：新华书店
印　　制：三河市腾飞印务有限公司
开　　本：787mm×1092mm　　　　　1/16
印　　张：11.5
字　　数：270千字
印　　次：2024年7月第1版第1次印刷

线装书局官方微信

定　　价：68.00元

前　言

　　农业是第一产业，其发展对促进社会发展，人民生活质量有积极意义。在当前新时期时代背景下，农业领域中已经引入了许多的现代化技术，推动了农业的现代化进步，同时，在农业经济管理方面也有明显提升。但是从实际情况来看，农业经济管理方面有着较大的不足，因时代发展较快，原有农业经济管理机制已经不再适用于当下时代形势，限制了农业经济管理效率的提升，甚至会制约农业现代化的推进，当前，农业经济管理部门应提高重视度，转变思想观念，改进管理体制，找出其中存在的问题，脚踏实地，为促进农业经济管理水平的提升做出贡献。

　　本书的章节布局，共分为八章。第一章是绪论，本章主要对农业的起源与演进、农业在国民经济中的地位、农业经济管理概述和农业经济管理手段相关知识展开论述；第二章是农业经营组织形式，本章分别从农业经营组织的形式、农业家庭经营、农业合作经济组织以及农业产业化经营组织四个方面的相关知识进行了概括讲解。农业是国民经济的基础，农业的兴衰直接关系到能否实现农民增收，农业现代化，统筹城乡经济社会和谐发展的目标。"三农"问题是关系新世纪新阶段改革开放和现代化建设全局的大问题，也是关系社会稳定的大问题。农业产业化经营是对传统农业制度的创新，是优化农业产业结构，实现农民增收，促进新农村建设和城乡协调发展的关键；第三章是农业生产要素管理，本章主要针对土地资源管理、劳动力资源管理、科技管理、资金管理的相关知识进行深入剖析；第四章是农业产业结构与布局，主要对农村产业结构、农业产业结构、农业生产布局、我国农业生产布局的调整与优化进行简要阐述；第五章是农业经营预测与决策，本章概述了农业经营预测、农业经营决策，并简要介绍了农业经营预测方法、农业经营决策方法；第六章是农产品市场管理，本章主要对农产品市场营销现状、农产品营销渠道管理、农产品营销与物流管理以及农产品的品牌营销管理进行简要阐述；第七章是农业项目投资管理，本章主要对农业项目投资概述、农业项目投资风险管理、农业项目投资评价和政府投资农业项目的管理进行叙述；第八章是新时期农业现代化及经济管理，本章分别从农业现代化概述、农业经济管理和农业现代化的相关性、农业现代化中经济管理问题及对策进行简要分析。

　　当前，在中国经济发展步入新常态的背景下，农业在中国"重中之重"的地位非但没有弱化，反而更为凸显。今天，中国正处在全面建设中国特色农业现代化的道路上，面对农业经济管理存在的问题，通过建立健全农业经济管理体制、全面实现农业经济管理信息化、加强农业经济管理人员培训等方面来加强农业经济管理，才能全面推进农业现代化建设，才能满足经济社会发展需求，为全面建成小康社会打下务实基础。

本书在撰写过程中，参考、借鉴了大量著作与部分学者的理论研究成果，在此一一表示感谢。由于作者精力有限，加之行文仓促，书中难免存在疏漏与不足之处，望各位专家学者与广大读者批评指正，以使本书更加完善。

编委会

目　录

第一章 绪 论

第一节 农业的起源与演进

一、农业的概念与内涵

农业是利用动植物的生长发育规律,通过人工培育来获得产品的产业。农业是人类社会与大自然关系最为密切的物质生产部门,也是最古老的物质生产部门,是人类衣食之源、生存之本,是一切生产的首要条件。农业是国民经济的基础,是农村经济的主要组成部分。

农业劳动对象主要是有生命的动植物,农业生产时间与劳动时间不一致,受自然条件影响大,有明显的区域性和季节性。农业生产离不开一定的环境条件并遵循客观规律。土地是农业中不可替代的基本生产资料。

根据古人类学家研究,地球上人类的发展已有大约300万年的历史,而农业的产生仅有1万年左右。此前的数百万年漫长岁月,人类祖先主要以采集和渔猎为生。在长期的采集和狩猎实践中,人类学会了种植自己所需的植物和驯养所需的动物。通过野生动植物的驯化和大量生产,出现了种植业和畜牧业。种植业主要是利用绿色植物的光合作用生产植物产品,而畜牧业则利用动物的消化合成作用将植物产品进一步转化为动物产品。经过上万年的发展,农业的生产方式、生产水平有了飞跃的变化和巨大的提高,但是,直到今天,种植业和畜牧业仍然是农业的主体,在有的国家农业是指种植业和畜牧业。

在种植业和畜牧业出现后,人类获取食物的方式发生了根本性的改变。但是采集和捕捞的活动仍保持下来,在一些地方甚至仍是人们生活的主要来源。人们不仅依然从事这些活动,还逐渐学会了有意识地控制这些活动的范围、方式和强度，以保护生存环境和持续地利用资源。为了更多地获取所需的产品，人们在捕捞鱼类的同时学会了水产养殖；在获取林木产品的同时开始了植树造林。因此，许多国家农业中不仅包括种植业、畜牧业，还包括水产捕捞和养殖业（渔业），还有的国家将林业也列入农业的范围。

在我国，广义的农业概念，包括种植业、林业、畜牧业和渔业。狭义的农业是指种植业。我们通常讲的农业，一般是指广义的农业，本教材也是如此。

二、中国原始农业的形成

考古证实，早在170万年以前，中国的土地上就生活着原始人类。在旧石器时代的初期和中期，原始人的生产工具以打制的石器为主，在这一漫长的时期内，原始人类主要靠采集天然植物的果实、花、叶、根、茎为食。随着生活经验的积累，人们的生产工具越来越精细、锋利，猎取动物产品作为生活资料成为可能，且成为原始生产力发展的标志。大约距今1.5万年，人类发明了弓箭，并使用织网兜捕动物，捕获的动物大量增加，对捕获的活物进行饲养是当时条件下储存动物产品的可行方式。进入新石器时代，原始人类为了弥补渔猎和采集的不足，发明了种植业。而种植业是以定居为前提的，种植业的发展又推动了原始人类由流动渔猎和采集走向定居。定居也需要将猎获的野生动物加以驯服，以便作为生活资料。

我国是世界上农业发生最早的国家之一，有着近万年的发展历史。劳动人民在长期的农业生产斗争中，积累了丰富的经验，创造了灿烂的古代农业经济和科学技术，丰富了世界文化和科学技术的宝库。总结和研究我国农业的历史，了解农业经济产生和发展的过程，可以帮助我们认识农业发展的客观规律，增加对农业经济管理的纵向知识，扩展农业经济管理理论的知识深度。

三、中国农业历史发展阶段

一般认为，世界农业发展到今天，大致经历了原始农业、传统农业和现代农业3个发展阶段。在古代社会，中国先民创造了灿烂的农业文明，为人类做出了巨大贡献。特别是中国传统农业形成比较早，延续历史也很长。结合中国农业历史的特点，从原始农业产生到新中国成立，中国农业历史发展可分为以下5个阶段。

（一）原始农业萌芽期

考古资料显示，我国农业产生于1万年以前的新石器时代。人们是在活动中逐渐学会种植作物和驯养动物的。最早种植的五谷有稻、粟、稷、麦、豆（菽），最早饲养的牲畜有猪、鸡、马、牛、羊、犬等。原始农业的萌芽，是远古文明进步的一次大飞跃。不过，那时候农业生产还只是一种附属性经济活动，人们的生活资料很大程度上还必须依靠原始采集、狩猎来获得。原始农业的基本特征是使用由石、骨、木等制作的简陋的生产工具，采用刀耕火种的耕作方法，实行以简单协作为主的集体劳动。原始农业生产力极低。

（二）传统农业形成期

传统农业形成期是夏商周时期（公元前21世纪至公元前8世纪）。其主要标志是从石器时代过渡到金属时代，人们学会了冶炼青铜，出现了青铜农具。夏代大禹治水反映了这一时代的农业技术进步。农田水利的兴修增强了利用自然和改造自然的能力，由此也带动了农耕技术的进步，垄作、中耕、治虫、选种等农业技术相继发明。为适应农耕季节需要而创立了天文历——夏历，使农耕活动由物候经验上升到理性规范。商代出现了最早的文字——甲骨文，标志着新的文明时代的到来。这一时期农业已发展成为社会的主要产业，原始的采集、狩猎经济退出了主体地位。

（三）传统农业发展期

传统农业发展期是春秋至两宋时期（公元前7世纪至公元12世纪）。这一时期农业进步的重要标志是铁制农具和畜力耕作技术的配套和完善，奠定了我国传统农业的技术体系和以小农家庭为生产单位的经济形式。这一阶段首先在黄河流域形成了以"耕—耙—耱"为技术特征的防旱保墒技术。一批大型水利工程相继兴建，农业生产各部门都获得了长足进步。公元6世纪出现了《齐民要术》这样的综合性农书，传统农学登上了历史的舞台，成为总结生产经验和传播农业文明的新生力量。从南北朝（公元4世纪）开始，长江以南地区农业逐渐发展起来。至唐代中期（公元8世纪），国家的经济重心转移到南方，标志着中国封建农业经济发展的重大变化。以后，南方的水田耕作技术趋于成熟，确立了我国精耕细作的农耕体系。

（四）传统农业深化期

传统农业深化期是元明清时期（公元13世纪至19世纪）。这一时期人口快速增长，人均农业资源日渐减少。明成祖元年（1403年），中国人口达到6660万。清朝是中国人口发展最快的时期之一，乾隆二年（1737年），全国人口达到1.4亿；道光十四年（1834年），全国人口已突破4亿。为解决这个日益尖锐的社会问题，人们更加注意边疆开发和边地利用，西北、西南、东北、台湾等边疆地区的移民开发和内地的山地、滩涂、沼泽地、盐碱地等荒闲土地的垦殖利用，都有了空前的发展。此外，多熟种植、间作套种，在人口稠密地区受到更多的重视，大大提高了土地利用率。特别是这一时期先后引进玉米、番薯、马铃薯等高产粮食作物和烟草、花生等经济作物，对我国的农业生产和作物结构产生了历史性影响。一方面，这些作物的丰产性和适应性缓解了人口增长而产生的矛盾；另一方面，这些作物适合山区种植而造成过度垦殖，引发生态破坏，水旱灾害增多。明清时期农业经济上另一个显著特点是，商品性农业有一定发展，有些地区已形成相对集中的经济作物产区。封建经济继续发展，并孕育了资本主义的萌芽。

（五）近代传统农业发展期

近代传统农业发展期是鸦片战争到新中国成立前（1840—1949年）。在古代，我国的经济、科技、文化水平长期处于世界前列，大约在17世纪逐渐落后于欧洲先进国家，到19世纪中期已拉开较大距离。1840年爆发了鸦片战争，西方列强武力入侵中国。一些有识之士提出了"师夷之长技"的主张，开始向西方学习农工商知识和技术，近代农业科技也开始传入我国。一系列与农业科技教育有关的新生事物出现了，创办农业报刊，翻译外国农书，选派农学留学生，聘请农业专家，建立农业试验场，开办农业学校等，都在古老的国土上成为大开风气的时尚。西方的农机具、化肥农药、作物和畜禽良种也被引进了。虽然从总的方面说，近代农业科技的兴起并没有使我国传统农业得到根本的改造，但是作为一种科学体系的产生，其历史意义是重大的。

新中国诞生以后至今，中国农业进入从传统农业向现代农业转变的过渡时期。

第二节　农业在国民经济中的地位

一、农业的本质与特点

（一）农业生产的本质

农业的本质体现在其生产过程是经济再生产与自然再生产有机结合，不可分割。

（1）农业与其他生产部门共同的特点：与其他生产部门一样，农业生产也是一种经济再生产过程。生产者在特定的社会中结成一定的生产关系，借助一定的生产工具，对劳动对象施加影响，以获取需要的产品。农产品可以供生产者自己使用和消费，也可以通过交换换取生产者需要的其他的消费品和生产资料。经过交换的农产品一部分可能进入消费过程，而另一部分则可能进入下一个农业生产过程，或进入其他生产领域。农业生产者利用自己生产的农产品以及通过交换获得的其他生产资料和生活资料，不仅可以维持自身的生存，还可以不断进入下一个生产过程，保持农业生产周而复始地继续下去。

（2）农业与其他生产部门的区别：农业的生产对象是有生命活力的生物有机体，是利用生物生长发育过程进行的生产。其中种植业和林业，都是通过对绿色植物的栽培，使其从环境中吸收二氧化碳、水和矿物质，并接受太阳光照射进行光合作用转化为有机物质供自身生长、繁殖的过程；畜牧业和渔业则都是通过家畜、家禽和鱼类等动物养殖，以植物或动物产品为饲料，通过动物消化合成转化为自身所需的物质以维持自身生长、繁殖的过程。作为农业生产的动植物自然再生产过程有其自身的客观规律，即严格遵守自然界生命运动的规律。

（3）农业最根本的特征：农业生产是经济再生产与自然再生产有机地交织在一起的过程。动植物的自然再生产过程体现着经济再生产的要求；同时，农业经济再生产必须符合动植物自然再生产的规律。人们在劳动生产过程中，有意识地利用动植物自然再生产的规律和特点，通过科学的培育与人工饲养，防治各种病虫害，为动植物创造更好的生产条件，从而使其更好地生长、发育、繁殖，以达到为人们生产出更多更好的农产品的目的。从经济再生产的角度考察，动植物既能为人们生产各种生活资料，又不断为本身生产新的生产资料。

进行农业生产要想取得好的经济效果，就要按客观规律办事，既要遵循自然规律，又要根据各种经济规律的要求，进行科学的经济管理，保证种植业和养殖业之间及其内部保持经济合理的结构。

（二）农业生产的特点

从经济再生产与自然再生产交织在一起这一基本特征出发，我们可以归纳出农业有别于其他生产部门的几个主要特征，如土地的特殊重要性，生产的周期性、季节性等。

（1）土地对农业生产具有特殊重要性。土地是农业生产中不可替代的最重要、最基本的生产资料。在其他部门的生产过程中，土地仅仅是劳动场所或空间载体。在农业生产中，土地却是提供植物生长发育所必需的水分和养料的主要来源，是动植物生长发育的重要环境条件。因此，土地的数量和质量都是农业生产的重要制约因素。

自然界中的土地数量是有限的，能够作为农业用的土地的数量更是有限的。农业用地包括耕地、林地、牧草地和水产养殖用地。全球农用土地面积约占土地总面积的2/3，而可耕地仅占土地总面积的10%。特别是中国，由于人口众多，人均耕地约0.1hm²，仅相当于世界人均耕地资源的40%。农业生产不仅受土地面积的制约，也与土地质量密切相关。农用土地的质量一方面取决于其所在的位置，另一方面取决于土壤长期演化过程中形成的理化性状以及人类劳动形成的土地肥力。虽然人们可以通过适当的工程措施和生物技术措施在一定程度上改变土地质量，并在土地位置不可改变情况下局部改变其温、光、水、热、气等条件，但这是极为有限的，而且所有这些措施都是要付出成本的。

正是因为土地在农业生产中的特殊重要性，很多国家很注意保护农用土地，特别是保护耕地。中国更是将"合理利用土地，切实保护耕地"作为一项基本国策。

（2）农业生产要受到自然环境和条件的较大影响和制约。现有动植物的生长发育特点主要是自然选择的结果，成功的人工选择也必须适应自然环境。自然环境对农业生产的影响首先表现为，各地区在不同的气候、地形、土壤、植被和物种等条件下，形成各地独特的农业生产类型、动植物品种、养殖和栽培技术，从而也就形成了农业生产的地域性。正确认识这种影响的客观存在，因地制宜进行农业生产布局，建立合理的农业生产区域结构，就可以充分合理地利用各地区的自然资源，加快农业发展速度，增加农产品有效供给。

自然环境对农业生产的影响会导致农业生产的波动性。由于气候的变化，尤其是灾害性天气，如旱、涝、风、冰雹、寡照、低温等，可能导致农产品产量年度间的剧烈变化。病虫害和动物疫病的暴发往往也与气候、环境有关，由此可能导致农业严重减产。这就要求必须建立合理的农产品储备体系，同时应积极采取减灾措施，包括建设水利工程、培育抗逆性强的动植物品种、生产类型多样化、综合防治植物病虫害和动物疫病。认识、掌握各地区自然气候变化规律，适应自然，保护环境，趋利避害，扬长避短，是组织农业生产时一条重要的原则。

（3）农业生产具有周期性和季节性。农业生产周期长，生产时间和劳动时间不一致。农业生产的周期取决于动植物的生长发育周期，通常达数月。动植物的生长发育过程贯穿于整个生产过程，但农民劳动并不需要持续整个生产过程，即农民的劳动时间仅仅占动植物生长周期的一小部分。

农业生产同时具有比较强的季节性。由于动植物生长发育的周期受自然环境条件的影响，各种农业生产的适宜时间通常固定在一定月份，劳动时间也集中在某些日期。

农业生产的周期性和季节性决定了农业劳动力和其他生产资料利用的季节性、资金支出的不均衡性和产品收获的间断性。这就要求安排农业生产一定要不违农时，同时为了充分利用农业剩余劳动时间，增加农民收入，农户实行多种经营和兼职经营是十分必要的，尤其是中国的小规模经营农户更是如此。

解决农业生产的季节性和农产品消费的连续性的矛盾，需要发展农产品的贮藏保鲜和加工业。对于农业生产周期长带来的决策风险，政府应该健全农产品市场体系，建立市场信息发布和预测制度、农业保险制度以及农产品保护价收购制度等。

（4）农业生产中的动植物生产是生态循环系统中紧密联系的重要环节。对于农业生产来说，植物生产属于第一性生产，它吸收土壤中的养分、水分和空气中的二氧化碳，通过光合作用，形成植物能。它的生产实质是最大限度地提高作物对太阳能的利用率。养殖业生产主要是以植物产品为养料，通过动物的生理机能，将植物能转化为各种动物性产品，提高动物对植物能的利用率和能量转化率，是畜牧和水产养殖业生产的实质；同时再将一部分动物不能吸收利用的物质，加工成有机肥，返还给土地。植物生产和动物生产是整个生态循环中的两个重要环节。发展养殖业首先要建立巩固的饲料基地，不断扩大饲料来源，并根据各种动物生产和生活的需要，经济合理地配制饲料，保证动物在维持营养的基础上，能有更多的生产营养，用于产品生产。同时要注意维持和不断改善生态平衡，合理利用和保护各种饲料资源。要坚决防止和克服掠夺式地利用各种自然资源。如果没有第一性植物生产的充分发展为基础，发展第二性的养殖业生产就是一句空话。

（5）农业生产适合于家庭经营农业，灵活性强，节省监督成本，既适合于采用传统技术和经验，实行小规模家庭经营，精耕细作，较少资本投入，从而生产成本很低；也适合于较大规模的家庭经营，即采用先进的科学技术，实行规模经营，取得规模效益。家庭经营可以集农牧结合之利，充分利用剩余劳动力和各种农副产品资源以及农民积累的各种传统经验，增加家庭收入。当然，从长远来讲，随着工业化、城镇化和农业现代化的推进，应逐渐减少农户的数量，适度扩大家庭经营规模。

正确地认识农业的上述特点，有助于我们按照自然规律和经济规律进行农业的生产经营活动，提高农业经济管理的水平。

二、农业在国民经济中的地位和作用

（一）农业是国民经济的基础

农业是国民经济的重要组成部分，是社会经济中的一个最古老的经济部门，在国民经济中处于重要的基础地位。

（1）农业是人类赖以生存和发展的基础。农业是人们的衣食之源，生存之本。直到目前，维持人类生理机能所必需的糖类、蛋白质、脂肪和维生素等基本营养物质只能靠农产品。农业以动植物为劳动对象，利用农作物的光合作用吸收太阳能和自然界中的无机物质来生产谷物、豆类、油料、蔬菜、水果、棉花等植物性产品，再利用动物的消化合成功能将植物性饲料转化为肉、蛋、奶、皮、毛等动物性产品，解决了人们的吃饭、穿衣问题。尽管现代科学技术发展迅速，但是用无机物人工合成食物以满足人类需要，仍是十分遥远的事情。化学工业的发展使得合成纤维与合成革产量、质量都有很大提高，但无论在世界任何地方、任何时候，这些化学合成制品都未能完全取代棉、麻、毛、丝等天然纤维和天然皮革。

（2）农业是其他物质生产部门独立和发展的基础。农业曾经是人类社会的唯一生产部门。随着农业生产力的提高，人们生产的农产品在满足农业劳动者自身需要后出现了剩余，手工业逐渐从农业部门中分离出来成为独立的生产部门。随着农业和手工业的进一步发展和分离，商品交换范围和规模不断扩大，从而导致商业也形成独立的经济部门。随着社会分工的不断扩大，新的生产部门不断形成并独立出来。但是人类社会分工的任何发展，都依赖于农业生产力的提高和剩余农产品的增加。

农业生产发展不仅为其他产业提供了工业原料，而且还提供了充足的劳动力。农业生产力的高低，农业所能提供剩余产品的多少，在很大程度上决定了非农产业部门的发展速度。

（3）农业是非物质生产部门存在和发展的基础。国民经济是由生产部门、流通部门和其他非物质生产部门构成的总体。随着人们物质生活水平的提高，对精神文化的追求也逐渐增长。与非农产业部门一样，这些非物质生产的社会部门的存在也离不开农业的发展。只有农业剩余产品不断增加，才能使越来越多的人不仅能够脱离农业，而且能够脱离物质生产部门，从而使科学、文化、教育、卫生和其他公共部门得以独立出来并获得进一步的发展。正如马克思所说："社会用来生产小麦和牲畜等所需要的时间愈少，用来进行其他生产——物质和精神的生产时间就愈多。"（《马克思、恩格斯、列宁、斯大林论共产主义社会》第67页）

（二）农业在国民经济中的作用

一般来讲，农业的发展水平不仅是农业部门发展水平的重要标志，也是整个国民经济发展水平的重要标志，因为它在国民经济发展的过程中发挥着重要的作用。

（1）农业的经济作用。随着工业化发展，农业在国民经济中所占的份额已经大大下降。但是，农业在整个国民经济发展中仍然具有十分重要的作用。农业对发展中国家经济发展的贡献可归结为产品、市场、要素和外贸四个方面。产品贡献是指农业部门所生产的食物和工业原料；市场贡献是指农业部门对工业品的市场需求；要素贡献是指农业生产要素向其他部门的转移；外贸贡献则是指某种农产品的进出口在调整进出口结构、调剂余缺方面的作用。

农产品是我国历史上重要的出口物资，某些农产品在国际市场上具有一定的竞争力。根据国际市场的需要，增加优势农产品出口在国际市场的份额，对于调整国内产业结构、优化资源配置、调节国内市场供求、把握市场主动权等有着重要的战略意义。

发展农业可以吸纳大量劳动力。我国是世界人口第一大国，劳动力就业压力非常大，发展农业是一条缓解就业压力的有效途径。它可以充分利用丰富的劳动力资源，并与当地各种有利的其他资源相结合，发展农村社区经济。

（2）农业的生态环境作用。农业通过合理利用土地、植树造林、防风治沙等，不仅提供了更多的农产品，其本身也是改造自然生态环境。在治理污染方面，农业也具有相当重要的作用。粪便、生活垃圾可以作为农业的有机肥料，在生产农产品的同时减少对环境的污染；农作物和林木的光合作用，可以为减少温室效应发挥作用；绿色植被可以降低城市噪声、减少粉尘、净化空气；农业土壤和水中的微生物可以分解环境中的有害物质，起到净化作用。

（3）农业的文化作用。随着现代工业社会都市生活弊病的日益凸显，农业和农村社会文化方面的价值越来越得到人们的肯定和重视。植树造林、改造沙漠、建立自然保护区等，都不是单纯的生产和经济活动，对人类精神文化领域发展的作用也是不可低估的。即使是普通的农田作业，由于农业与自然界的密切关系，也具有这方面的文化作用。由于农村社区成员的相对稳定，民风淳朴，注重伦理、亲情，遵循传统习俗和价值观念，世代相袭，因此，在现代市场经济背景下，农业和农村社区还具有保存和传承传统文化的功能。一些特色鲜明的乡村旅游、生态观光旅游日渐红火，已经彰显出农业的文化功能。

三、农业与国民经济其他部门的关系

（一）国民经济的部门划分

现代国民经济是由若干相互独立又相互联系的部门组成的一个复杂的体系。按照不同目的，对国民经济的部门有很多划分方法，其中最基本的方法是根据社会生产活动历史发展顺序，以及社会生产活动与自然界之间关系，将国民经济部门结构划分为三次产业。国际上比较通用的产业结构划分方法是，将产品直接取自自然界的部门称为第一产业，对初级产品进行再加工的部门称为第二产业，为生产和消费提供各种服务的部门称为第三产业。各个国家在划分产业部门时采用的具体标准也有一些差异。中国对三次产业的划分标准为：

第一产业：农业。包括种植业、林业、畜牧业、渔业。

第二产业：工业、建筑业。其中工业包括采掘工业（采矿、晒盐、森林采伐等），制造业（对农产品、采掘品的加工、再加工），以及电力、自来水、煤气的生产和供应行业，对工业品的修理、翻新行业。建筑业包括房屋、构筑物建造和

设备安装等。

第三产业：除第一、第二产业外的其他各业，总体分为流通部门和服务部门。其中流通部门包括交通运输业、邮电通信业、商业、饮食业、物资供销和仓储业；服务部门包括为生产和生活服务的部门、为提高科学文化水平和居民素质服务的部门、为社会公共需要服务的部门等。

（二）农业与第二产业的关系

（1）农业是第二产业的基础，为第二产业的发展提供原材料和基本的发展保障。食品加工、烟草、纺织、皮革、造纸、医药等行业相当多产品都要以农产品作为生产原料。

（2）第二产业是农业发展的重要动力，现代农业生产资料离不开机械设备和能源。农业部门为了生产和经营管理的需要，要从石油加工、化学原料及制品、金属冶炼、机械制造、电子、仪表等制造行业购买农业生产资料，从造纸、印刷、文体用品等行业购买用于日常管理的消耗品；电力、煤气和自来水生产供应等行业都可能直接或间接为农业部门提供生产资料，现代化的种植、养殖业工厂化生产更是离不开建筑业。

（3）农业与第二产业相互依赖。现代市场经济条件下，大量的农产品需要加工转化，如果没有充足的农产品原料供应，相关工业部门就无法正常生产；同时，如果没有农产品加工业的充分发展，农产品就会出现销路不畅、产能过剩，价值难以实现，最终会影响农业快速发展。

（三）农业与第三产业的关系

（1）农业为第三产业的发展提供基础保障。比如餐饮服务业的有形产品要以农产品为主要原料。

（2）农业发展离不开第三产业。无论是购买农业生产资料，还是销售农产品，都需要交通运输业、邮电通信、商业和仓储业的服务；金融、保险、地质勘查、水利、气象等部门都可以直接为农业部门提供服务；文化、科技、教育部门有助于提高农业劳动者的素质和技能；社会公共服务部门职责是维护社会经济、政治的安定和生产生活的正常秩序，因而，这些部门也都在直接或间接地为农业生产提供服务。

（3）农业与第三产业相互依赖。除了为餐饮业提供食品原料以外，农业还为新兴的生态旅游、乡村旅游、休闲观光等旅游业提供载体和服务；同时，服务业也为现代农业发展越来越发挥着重要支撑作用。

综上所述，农业在国民经济中具有重要的地位，发挥着其他经济部门所不能取代的作用，这是我们学习和研究这门课程首先要明确的。

第三节 农业经济管理概述

近年来，随着新农村建设的有序发展，党和国家政府不断加大对农业的投入。在国家的大力支持下，农业经济蓬勃发展。随着科技的进步，农业生产模式逐渐发生改变，机械化操作逐渐代替手工操作，极大地提高了农业生产效率。为了更好地促进农业化的改革，促进农业经济的发展，需要我们不断加强对现有农业经济的管理。随着全球经济一体化进程的加快，为了促使农业经济与工业经济协调发展，需要对现有阶段农业经济的发展中存在的问题进行改进，特别是在农业经济管理方面。

一、农业经济管理的含义

农业经济管理是对农业生产过程中生产、交换、分配和消费等经济活动进行计划、组织、控制、协调，并对相关人员进行激励，以实现一定的经济目标的管理活动。农业经济管理是我国农业农村工作的重点，是我国农业经济发展的主要内容，它能够根据市场需求对农业进行宏观调控，将劳动力、土地、资金及政策倾向进行更加科学合理的调度，并获得最优的经济效益和国家利益。

二、农业经济管理的现状

（一）农业经济管理信息化比较落后

农业经济管理信息化包含农业科技信息化、农业市场信息化、农业教育信息化、农业资源信息化、农业管理信息化这五方面，主要通过信息技术手段获取农业信息与农业知识，提高农业生产效率与管理决策水平。而我国在这些方面的资金投入不足，缺少高素质的农业科技人才。基础信息设施不完善，导致农村地区信息设备普及不到位，网点覆盖范围小，农民主要通过传统的方式来获取相关农业信息。因此我国农业经济信息网络建设是发展现代农业经济的前提。

（二）农业经济管理体制不健全

目前，我国还没形成与农业市场经济体制相符合的农业经济管理体制，农业市场结构发展和农业经济管理体制不适应，很多与农业经济有关的活动无法有效实施，导致农业经济发展缓慢。

（三）农业人员缺乏管理理念

我国是从传统的农耕国家发展到目前的农工业共同发展的局面，城市化进程加快等原因导致我国农业发生巨大变化，现代化、科技化是当今农业发展的主流。

农业基础地位被忽略，导致农业人员管理理念缺失，阻碍农业经济全面发展。

三、农业经济管理的挑战

农业现代化发展对管理的模式有着很大的影响。在农业现代化的发展过程中，常常会对农业的经济管理产生很大的影响。中国现代化农业进入了快速发展的阶段，农村经济发展也非常快，科技在农业生产中的作用显著，推动了现代农业的发展。不过很长时间以来，中国的城乡二元结构，制约了农业产业的发展。

（1）尽管中国是农业大国，农业发展水平与西方先进的国家相比是很落后的，而且中国的人口基数大，也造成了中国的农业现代化的发展很慢，缺少国际竞争力。怎样让中国的农业和很好地应对世界的变化，是今后农业管理需要重点分析和探究的内容。

（2）现代农业发展出现"生态化"的概念，充分地体现了人类对保护环境的关注，现代农业的管理也需要在可持续的发展上下功夫，并带动农业管理观念的变化。

（3）中国的农业现代化出现了一些问题，中央一直以来非常重视"三农"相关的工作，关注农业现代化，坚定地走中国特色的农业现代化模式。中国很长时间以来一直是实行分散的农业生产体制，对以规模、产业、集约作为主要特点的现代农业生产方式不适应，加大了发展现代化农业的难度。另外农业相关人员的综合素质偏低，不能满足现代农业的需求。

四、农业经济管理创新的策略

树立正确的农业经济管理理念。在当前农业经济管理创新过程中，需要树立正确的农业经济管理理念，这对于增强农业经济管理效率具有非常重要的意义。同时农业管理人员还需要做好本职工作，并进一步提升自身的工作能力，从而为农业经济的快速发展作出应用的贡献。当前农业发展过程中对高水平人才需求量较大，特别是农业机械化和现代化的建设，更需要努力提高农民的技术水平，更好地促进农业经济的快速发展。另外，在农业经济管理工作中，还需要重视城乡之间的沟通和交流，以此来加快城乡一体化的发展，使单一的生产要素的流通向多元化方向发展，提高农产品的价值，增加农民的收入。

建立完善的农业经济管理体制。完善科学的农业经济管理体制是推动我国农业发展的关键，农业经济管理应该与时俱进，根据时代要求不断创新，随着农业经济体制的改变，农业的发展理念也发生改变，导致农业经济增长方式也发生变化，由原来的农民耕种逐步向农产品深加工和农产品产业化发展，建立品牌化的农产品市场，推动农业产业链的整体发展。同时建立完善科学的农业经济管理体系有助于提高农业产业的科技含量，增加农民的发展空间和我国农产品的市场竞争力。并且科学的农业经济管理体制能够从根本上保障广大人民群众的经济利益，为农业经济发展树立良好的发展方向。

积极推进农业产业化经营。可以将农业生产、农业生产资料、农产品加工、储存、运输和销售等有效的统一起来，形成农业产业化经营，进一步延长农业产业链条，并优化对资源、人才、技术和资金等进行配置，提高农产品的市场竞争力，有效地推动农业经济的健康、持续发展。

农业经济管理的信息化应用。农业经济管理不仅关系到国民经济的发展，而且与广大人民群众的生产生活息息相关。我国农业资源具有类型多样的特点，在种植经营中存在较大的差异，在这种情况下，可以充分地应用信息化技术，更好地推动我国农业经济的快速发展。

在农业经济管理信息化建设过程中，需要充分地发挥政府的职能作用。在当前农业经济管理创新过程中，信息化技术的应用有利于农业经济管理水平的提升，因此，充分地利用政府的主导地位，使其在农业经济管理信息化建设中发挥其重要职能作用，对农业经济管理进行统一规则和管理，增加资金的投入，加快农业经济管理信息化建设的步伐。

整合农业经济管理资源。可以将各种类型的农业经济整合在一起，强化合作的力度，以此来提高农业经济信息化服务水平，实现农业经济管理和农业信息之间共享机制，打造农业信息系统化和资源共享化的平台，加快推动农业经济数据的共享，为农业经济管理水平的提升奠定良好的基础。

加强对农民的培训，构建农业信息服务队伍。通过强化农民的知识培训，使其在农业生产中充分的利用现代化技术手段。同时在农村中普及知识信息教育，加快农业信息化建设的水平，为农业经营管理创新发展奠定良好的基础。

加快农业信息化示范基地建设。在农业经济管理信息化建设过程中，需要将农业信息化网络与传统媒体有效地进行结合，而且政府与农民也要做好配合工作，大力发展农业信息化和产业化，积极吸收和借鉴国外的先进经验和技术，使农业经济发展能够与国际接轨，有效地提高农业经济管理的水平，为农业现代化的实现打下坚实的基础。

农业经济管理创新要贯穿于整个农业经济管理过程中，而且在农业技术、市场及时代不断发展过程中，农业经济管理创新手段也会随之不断发展变化，使农业经济能够紧跟时代发展，为农业发展提供充足的动力支持。因此需要重视农业经济管理创新，各级政府要加大对农业经济管理的支持力度，更好推进农业经济的健康、持续发展，为我国国民经济的更快、更好发展奠定良好的基础。

第四节　农业经济管理手段

进入21世纪，中国农业经济形势发生着翻天覆地的改变：农产品的连年丰收供给充足；农业生产经营进一步提高了农民的收入；农业增长方式由原来的粗放式转变成更加科学合理的增长方式；农业生产经营方式也更加市场化。这一切的变化都对农业经济管理提出了更高的要求，要随着时代的发展变化而变化。统筹城乡经济社会发展，建设现代农业，发展农村经济，增加农民收入，是新时期全面建设小康社会的重大任务。信息化、市场化是现代农业的重要标志，贯穿于现代农业的全过程和各个领域。大力发展信息产业，推进农业农村经济信息化是目前新时期农业农村工作的重要内容。

一、农业经济管理信息化的含义

（一）农业经济管理

农业经济管理指对农业生产总过程中生产、交换、分配与消费等经济活动进行计划、组织、控制、协调，并对人员进行激励，以达到预期目的的一系列工作的总称。在社会主义条件下，农业经济管理是国家领导和管理农业发展的重要方面。其主要任务就是要按客观经济规律和自然规律的要求，在农业生产部门中合理地组织生产力，正确地处理生产关系，适时地调整上层建筑，以便有效地使用人力、物力、财力和自然资源，合理地组织生产、供应和销售，妥善地处理国家、企业和劳动者之间的物质利益关系，调动广大农业劳动者的积极性，提高农业生产的经济效益，最大限度地满足社会对农产品的需要。主要内容包括：在科学预测基础上，正确制定农业经济发展战略，编制农业发展计划；在农业区划基础上，进行农业地区布局，优化农业生产结构；合理开发利用农业自然资源、劳动力资源、物质技术资源和财力资源；建立合理的农业经济管理体制，确定农业生产经营中各方面的责、权、利关系以及分配中的积累与消费关系；正确地组织农产品的商品流通；综合运用各种经济手段，调节农业经济活动；全面评价农业经济效益等。

（二）农业经济管理信息化

农业经济管理信息化指充分运用信息技术的新成果，全面实现各类农业信息与知识的获取、处理传播和合理利用，加速传统农业的改造，大幅度提高农业生产效率和管理决策水平，促进农业持续、稳定和高速发展的过程。农业经济管理的信息化离不开市场化。信息维系着现代农业的各个领域和全部过程，市场在资源配置中发挥基础性作用。同时，将现代信息技术引入到农业科研、生产、经营管理系统中，对传统农业进行改造，加速农业产业的升级，走农业信息化的道路是我国农业产业化发展的必然趋势。

二、农业经济管理对于信息需求的特点

随着现代科学技术的不断创新和发展，各行业、各领域对于信息的需求不断增强，而且具有不同的特点。在我国的农业经济管理工作中，由于受到农村地区发展策略、管理机制的不同，而导致其对于信息需求的特点存在一定的差异。综合分析国内农业经济管理工作的现状，对于信息需求的特点主要表现在以下几个方面：

（一）时效性

农业经济管理中相关信息涉及农产品的种植与销售，以及涉农企业的各项经济管理活动，是各级政府及经济管理机构加强对于农村地区经济管理工作指导的主要依据。与其他行业的信息需求相同，在农业经济管理中各种信息的获取一定要保证时效性，这就需要利用现代信息技术拓展各种信息的获取渠道，从而保障各种信息在农业经济管理工作中发挥更为重要的作用。

（二）实用性

从农业经济管理的角度进行信息化来看，各种农业信息主要是以非物化形态展现出来，无法直接进入农村地区的市场管理，农业信息普遍具有较强的社会与公益性质，对于农业经济管理工作却具有很强的实用性。由于农业经济管理受到各方面因素的影响较大，而广大农民群众没有广泛的信息获取渠道，从而导致各项农业经济管理工作的开展存在严重的滞后性。

（三）综合性

在农业经济管理工作中，涉及的内容比较多，较为常见的行业有：农、林、牧、副、渔等，同时与电力、金融、环保、水力、运输、科研、农机、财政、气象等部门之间有着密切的联系。因此，在各种信息的获取时，一定要注意信息的综合性，即进一步加强与相关行业或部门的联系，促使信息获取渠道、方式的不断增加；在获取相关信息后，并不能直接应用，而是要在进行综合分析与全面考虑的基础上，才能判定各种信息的实际应用价值，以及是否适用于本地区的农业经济管理工作。

三、农业经济管理信息化是我国农业发展的必然要求

随着大力建设社会主义新农村与国家政府对"三农"问题的日益重视。我国

农业的经济形势实现了质的飞跃。农业生产与经营增长迅速。农业经济的增长方式也正在逐步实现从传统的粗放经营到集约经营模式的转变。农业经济越来越市场化和开放化。在农业经济管理方面。实现了一定程度的创新和发展，其中经济管理的信息化就是一个重要体现。农业经济管理的信息化就是指利用计算机信息技术建设和共享经济信息资源。

实施农业信息化是加强我国农业基础地位，推进新的农业科技革命的重大举措。通过计算机网络和通信技术，可及时传播市场信息，帮助农业生产者特别是农民适应变化多端的市场。针对农业涉及因素复杂、区域性和时空差异大、生产稳定性和可控程度低的特点，信息技术有助于广泛集成各种农业单项技术，优化农业技术体系，向农民和农村快速、远程传播各种科技知识，因地制宜地进行技术服务，提高农民生产管理和自身科技文化素质，并丰富农村文化生活。通过信息技术，可实现对家庭生产状况和资源环境的有效监测、预警，服务于政府决策，促进资源合理利用，保护生态环境。信息技术渗透到农业的各个环节和农村生活的各个方面，就成为新阶段实现农业跨越发展的平台。

可见，农业信息化既是一个明显的巨大的社会需求，也是一个潜在的巨大的市场空间，实现农村信息化的同时，寄托着政府目标的追求和企业利益的追求。

四、现代农业经济管理信息化的具体应用

（一）实行科学的规划、分步实施信息化

首先我们要充分的对信息业在全球发展的趋势有一个全面了解，在此基础上根据我国的实际情况来选择最合适的信息技术，并制定出一套科学合理的信息化经济管理发展规划。而且要根据制订好的计划步步为营，逐渐实现经济管理信息化这一目标。相关职能部门要发挥主导作用，对农业信息资源进行科学的规划并进行内部信息资源的整合，从而实现农业信息的收集、沟通渠道、农产品进出口、配额、库存等一个完整体系，这样有利于及时地把握最新的农业信息动态，为作出决策提供依据。

（二）通过发展软硬件来提高信息化经济管理水平

当前，我国农业经济管理信息化还存在着不少的问题，包括设备落后、设备不全、相关人员管理水平低和素质差、相关经费不足、农民知识落后等，这些都严重地阻碍着我国实现农业经济管理信息化，因此，我们要积极地解决这些问题，首先，要加大对相关人员的培训，提升他们的管理水平和专业素质，建设一支工作态度好、综合素质高的人才队伍。其次，要加大对农业经济管理信息化的重视力度，加大经费的投入，购买先进的技术设备，补齐相关技术设备，这样才可以

为实现农业经济管理信息化提供良好的设备基础。最后，要加大对新型农民的培养力度，要培养有文化、懂技术的新型农民，提升现代农民的素质，这样才有利于我国农业经济管理信息化的快速实现，才能够让农民从信息化中得到切实的好处。

五、建立健全的农业经济管理网络体系

当前我国还很欠缺对信息系统和农业经济数据库的开发，这使得农业实践应用与农业信息产品的开发脱节现象一直存在，这导致了很难使我国的农业经济信息化水平有一个实质的提升，很难提升我国的农业生产力。所以，我们必须要尽快建立健全的农业经济管理网络体系，使得农业服务体系更加完善，这样才可以及时了解农业市场的需求，快速推动农业经济发展。想要实现更加科学的信息化经济管理，就必须建立高效的农业经济管理网络来实现资源的共享。

推动农业经济信息化管理的应用可以使我国由传统农业向知识型农业的转变速度加快，可以提高农业经济管理工作的效率，这对于我国农业经济的发展是非常重要的。农业经济管理的信息化可以实现对整个农业生产全过程的有效控制，可以保证农业信息的时效性，有利于农民快速准确地作出决策。农业经济管理的信息化可以使得农民生产过程效率更高，这对于提升农民的收入来说是非常重要的。

总的来说，实现农业经济管理中的信息化应用有利于推进我国建设现代农业的步伐，有利于促进我国农村经济的发展，提升农民的收入，可以促进我国逐步由农业大国转向农业强国。

第二章 农业经营组织形式

第一节 农业经营组织的形式

一、农业集体经济组织

农业集体经济组织也称农村集体经济组织，它既不同于企业法人，又不同于社会团体，也不同于行政机关，自有其独特的政治性质和法律性质。由于农业集体经济组织是以社区农用土地为资产基础、以社区全体农户为天然成员组成的，所以也称为社区集体经济组织。它是一种政府主导型的合作经济组织，一般是以行政村或村民组为组织界限，在土地集体所有和农户家庭承包经营基础上，实行"统分结合、双层经营"方式的合作组织。作为农民联合与合作的一种组织形式，社区集体经济组织在发展中存在很多问题，主要是：社区集体经济组织一直具有较强的行政色彩，合作属性淡化；基层政府和经济自治组织的职能难以厘清；较强的封闭性和排他性妨碍了它对市场配置资源和生产要素流动要求的适应性。这些弱点导致了它对农户的服务、协调能力不强，不能有效地组织农民发展生产和引导农民进入市场。

（一）农业集体经济组织的产生与演变

我国传统的农业集体经济组织最初产生于新中国成立后的合作化运动，当时的个体农户在政府引导下将自己的生产资料（土地、较大型农具、耕畜）交出来建成高级农业合作社。1958年8月中共中央作出《关于在农村建立人民公社问题的决议》，号召将高级农业合作社合并转为人民公社，实行同乡基层政权相结合的"政社合一"体制，人民公社同时也是农村社会的基层单位，既是生产组织，也是基层政权。人民公社以"政社合一"和集体统一经营为特征，是当时计划经济体制下农村政治经济制度的主要特征。1958年底，全国基本上实现了一乡一社。人民公社初建阶段，一般实行全社统一核算、分级管理。公社下设生产大队，生产大队下设生产队。1962年9月，中共中央颁布《农村人民公社工作条例修正草案》，正式明确规定人民公社的基本核算单位是生产队，实行"三级所有，队为基础"，即生产资料分别归公社、生产大队和生产队三级所有，而以生产队所有制为基础。除公社和生产大队不同程度地拥有一些大型农业机械和水利设施，举办一些集体企业外，土地、耕畜和农具归生产队所有。生产队实行独立核算、自负盈亏，直接组织生产和收益的分配。按劳动工分计酬，保留社员自留地。

生产队是纯粹从事集体经济活动的经济组织，其所有的资产包括农村的绝大部分耕地、道路、河道、灌溉设施、办公室、晒场等资产。在人民公社、生产大队和生产队这三种集体从事农业经济活动的组织中，生产队是基础，拥有包括土地、耕畜和农具在内的大部分的，而且是主要的生产资料，因此一般意义上的集体经济组织是指生产队。以生产队为单位的集体经济组织是后来农村承包地、林地以及其他生产资料的实际控制人或所有人。

（二）集体经济组织的现状

党的十一届三中全会之后，随着改革开放的深入，农村家庭联产承包责任制逐步建立，原交由集体统一生产经营的牲畜、大型农具、耕地等生产资料全部分配到以家庭为单位的农户，随之，农业生产经营形式转为一家一户模式，集体集中统一的生产经营基本不复存在。1982年《中华人民共和国宪法》规定：将人民公社原来政经合一的体制改为政社分设体制，设立乡人民政府和乡农业合作经济联合组织；在生产大队的地理基础上，设立自然村，在村设立村民自治组织——村民委员会。但是到1984年底我国基本完成由社到乡转变时，由于全国绝大部分农村地区已不存在集体生产经营活动，乡农业合作经济联合组织一直没有建立。原从事集体经济的生产队、生产大队和公社的经济职能几乎全部失去。生产大队、生产队改称为村、村民组，集体经济组织演变为服务组织，成为农业统分结合的双层经营体制的一个经营层次——集体所有土地的发包方，其作用的发挥在不同地区差异很大。2013年"中央一号文件"指出，应因地制宜探索集体经济多种有效实现形式，不断壮大集体经济实力。据此，在实践中涌现了村办集体企业、村办股份合作企业、农民专业技术协会、"农户+公司"联合体、社区股份合作社等多种集体经济组织形式，在盘活集体资产、创新农业经营组织形式方面发挥了重要作用。在此基础上，2015年"一号文件"指出，发展农村集体经济，关键是要推进农村集体产权制度改革，探索赋予农民更多财产权利，在明晰产权归属的基础上，完善集体资产权能，激活农村各类生产要素潜能，建立符合市场经济要求的农村集体经济运营新机制。

（三）农户

改革开放前我国农户家庭成员进入劳动年龄自然成为人民公社的社员，在集体生产队统一指挥下从事农业生产劳动。目前实行以家庭经营为基础统分结合的双层经营体制下，农户既是构成农业集体经济组织内部的成员，同时农户家庭作为一个相对独立的经营单位，直接构成农业双层经营的基本层次和基本核算单位。

二、农业合作经济组织

农业合作经济组织是指农民家庭经营为主的农业小生产者，为了维护和改善各自的生产和生活条件，在自愿、互助和平等、互利的基础上，联合从事特定经济活动所组成的互助性组织形式。在农村家庭承包经营基础上，农产品的生产经营者或者农业生产经营服务的提供者、利用者，自愿联合、民主管理的互助性经济组织。

作为初级农产品生产者的农民群体是中国社会最大的弱势群体。提高农民的组织化程度，成立有效的农业合作经济组织，分担了政府与社会的职责，促进了农村社会的繁荣和稳定。现阶段我国农业合作经济组织主要有以下几种类型。

（一）社区性合作经济组织

社区性合作经济组织是指农村集体经济组织在继承原来"三级所有，队为基础"的人民公社集体遗产基础上，经过推行家庭联产承包责任制一系列改革，以社区集体所有的土地为中心，以农业生产为主要内容，以原来的生产队自然村为单位设置的合作经济组织。实质上就是指农业集体经济的组织载体。

（二）农民专业合作组织

原来的农民专业合作组织是指新中国成立初期以农民入股为主组建的农村流通领域的供销合作社和农村金融领域的信用合作社。由于多次改革和历史变迁，这两种农民专业合作组织逐渐转变了性质，农民失去了两种合作社的社员身份。现在的农民专业合作组织主要是指农民专业合作社，即指在农村家庭承包经营基础上，农产品的生产经营者或者农业生产经营服务的提供者、利用者，自愿联合、民主管理的互助性经济组织。这类合作组织可以是跨地区的，一个农户也可以参加一个以上的专业合作组织。

（三）农村股份合作制企业

农村股份合作制是在农村原有合作制基础上，实行劳动者的资本联合，把合作制与股份制结合起来的具有中国特色的农业生产组织制度。股份合作制既不完全等同于股份制，也不完全等同于合作制，而是以劳动合作为基础，吸收了股份制的一些作法，使劳动合作与资本合作有机结合。

农业合作经济组织是带动农户进入市场的基本主体，是发展农村集体经济的新型实体，是创新农村社会管理的有效载体。

三、农业企业

农业企业是指经工商行政管理部门注册，实行独立经营、自负盈亏，建立的从事农业生产经营的经济组织，包括国有农业企业与其他所有制形式的农业企业。农业企业可以按以下标准进行分类：

（一）按企业组织形式可以分为：

公司制企业、合伙企业、独资企业等，公司制的农业企业又可分为股份有限公司、有限责任公司等。

（二）按生产产品的类别可以分为：

种植业企业，是单纯从事种植业的生产经营实体；林业（园艺）企业，是从事林木营造和园艺产品生产经营的实体；畜牧业企业，是从事动物养殖的生产经营实体；水产企业，是从事水产捕捞和水产养殖的生产经营实体；农产品加工企业，是以农产品为原料，从事农、林、畜、水产品加工和制作的生产经营实体。

（三）按经营农业产业链的环节可分为：

初级农产品生产企业、农产品加工企业、农产品流通企业、农业服务企业和农工商一体化企业。

随着我国经济体制改革的深化，农业企业的具体形式将呈现多样化、综合化、高级化的发展趋势。

四、国营农场

国营农场即国有农场，是由国家投资，在国有土地上建立起来的农业经济组织，为社会主义全民所有制的农业企业。中国早在革命根据地时期就已有类似的公营农业经济组织。新中国成立后，全国各地普遍建立起各种具有专业特点的国营农场。20世纪80年代以后，在经济体制改革中，国营农场一般均趋向于一业为主、多种经营的方向发展；同时，借鉴集体经济实行家庭联产承包责任制的经验，在保持所有制不变的前提下，实行由户承包经营的组织形式。国营农场是我国农业生产经营中的一种非常重要的组织形式。

通常对国营农场主要有以下4种不同的分类方法：

（一）按照所承担的具体任务的性质分类

分为一般生产农场、良种繁育农场、教学实习农场和科学试验农场。

（二）按经营的项目分类

分为综合性农场和专业性农场。综合性农场一般以种植业为主，实行农、林、牧、渔等多种经营。专业性农场，一般经营比较单一，地域性较强，主要从事某一两种资源的开发和利用，如橡胶农场和园艺特产农场等。

（三）按照生产专业化的特点分类

分为以生产小麦、稻谷、大豆等为主的粮食作物农场，以生产棉花、甘蔗、甜菜等为主的经济作物农场，以饲养畜、禽为主的养畜（禽）农场，以生产水产品为主的水产养殖场，以种植茶叶、人参等为主的特种作物农场和园艺场，以良种繁育为主的良种繁育农场等。

（四）按隶属关系分类

分为农垦部门管理的国营农场、归侨务部门管理的华侨农场、归军队管理的部队农场、归司法部门管理的劳改农场以及归农业部门管理的良种场、园艺场和种畜场等。

各种不同类型的国营农场，大多都实行场部和作业区两级管理。有些规模较大的农场，在场部和作业区之间还设立分场，作为场部的派出机构，对若干作业区进行管理。除了上述各种不同类型的农场外，在我国还有一种特殊建制的兵团农场。这种农场基本是按照苏联模式和军队建制建立起来的混合型直线模式，编制和干部配备都按部队管理的方式进行。国营农场运行的主要特点在于其运行目标的多重性。由于国营农场建立和发展的特殊背景，它除了负有一定的生产建设任务之外，还负有示范农民、屯垦戍边、为国家经济建设积累资金的特殊使命，是农业领域的"国有企业"。与集体经济组织相比，国营农场的技术装备较好，机械化程度高，职工素质较高，生产率较高。国营农场主要为社会提供大宗商品农产品和特殊农产品。

五、其他农业经营组织

除上述几种农业生产经营组织之外，从事农业生产经营的组织，包括供销合作社、国有和其他组织和个人设立的从事农业科研、推广的经营性单位等。家庭承包经营重建了我国的农户经济后，分散经营的农户出于对社会化分工和协作的基本需求以及抗御农业风险的需要，开始以各种方式寻求联合与合作，涌现出了各类不同的新型农业经营组织。具体来看，我国现阶段农业经营组织的联合与合作形式主要有以下 2 种：

（一）农民专业协会

简称专业农协，是在《中华人民共和国农民专业合作社法》颁布之前，由政府部门引导或农民自发形成的一种市场导向型的合作组织，是适应市场经济发展而产生的农村各种专业技术协会、技术研究会等的统称。根据 1994 年农业部、科协的通知，专业农协是指由农民自愿、自发组织起来，以增加成员的收入为目的，在农户经营基础上，实行资金、技术、生产、供销等互助合作的民办技术经济合作组织。农民专业协会以从事专业生产的农民为主体，以经济利益为纽带，按照合作原则联合经营、自负盈亏、利益分享、风险共担。《中华人民共和国农民专业合作社法》颁布以后，有的农民专业协会重新注册为农民专业合作社。

（二）农业产业化经营组织

农业产业化经营可理解为从组织上把农业生产企业同与其关联的部门在供应、生产、销售等方面的活动结合为一个统一体的过程。农业产业化经营组织可理解为农业生产企业同与其关联的部门在供应、生产、销售等方面活动具体结合的形式。从农业产业化经营组织形式的构成来看，不管哪个国家的产业化经营组织，其主体和基础都是农户或农场。其实质是农户（农场）通过某种中介组织（如企业、公司、合作社等经济组织），把自己与市场连接起来，在从事农业生产的同时，通过贸工农一体化，参与农产品的加工和流通，从而使自己生产的农产品在市场上顺利卖出，不再为时而短缺、时而卖难的波动而苦恼。此外还能打破旧的不合理的利益分配格局，分享在流通、加工过程中增值的平均利润。因此，农业产业化经营组织的基本形式应该是"农户（农场）+中介组织+市场"。

第二节　农业家庭经营

农业家庭经营是指以农户家庭为单位，以使用家庭劳动力为主从事农业生产经营活动的基本组织形式，具有独立的或相对独立的经营自主权的生产经营单位。中国的农业家庭经营已经存在 2000 多年，目前农户家庭仍是中国农业最基本经营主体。

一、农业家庭经营大量广泛存在的原因

（一）农业生产的特性决定了农业生产与家庭经营必须密切结合

相对于现代化的工业生产来说，农业劳动对象生产发育的规律，决定了农业生产的季节性、周期性、时序性，决定了农业生产只能按自然界的时间，即按季

节的变化过程依次进行各种作业。它一般固定在土地上，不宜移动，不能像工业生产那样把非常大量的生产条件进行集结，采取多种和大量作业同步并进的办法。这就决定了农业生产过程中，同一时期的作业比较单一，不同时期的不同作业多数又往往可以由同一劳动者连续完成。这样，农业生产过程中的协作多是简单协作。简单协作在许多人手同时共同完成同一不可分割的操作时优于独立劳动，但在管理水平不高的情况下，往往还低于单个劳动者力量的机械总和，因为这既要增加监督成本，又可能产生偷懒行为。农业生产的自然再生产和经济再生产的相交织，农业劳动过程显著的季节性和突击性，决定了农业的家庭经营成为一种较为合适的形式。

（二）农业环境的复杂性、不可控性及劳动成果的最后决定性使家庭经营更为合适

农业生产，地域辽阔，自然条件千差万别，其劳动很少有中间产品，成果大多表现在最终产品上，劳动者在生产过程各环节的劳动支出状况，只能在最终产品上表现出来。这决定了在农业劳动中，各个劳动者在每时每地的劳动支出时，对形成产品的有效作用程度是难以计量的。只有将农业生产者在生产过程中的各项劳动与最终的劳动成果及其分配直接挂起钩来，才能充分调动劳动者的生产积极性，而这只有在家庭经营的条件下才能更好地做到。农业自然环境的复杂多变性和不可控性，要求农业的经营管理要具有灵活性、及时性和具体性。种植计划、生产决策、经营决策都要因时、因地、因条件制宜，要准、要快、要活。要做到这一点，只有将农业生产经营管理的决策权分散到直接生产者，即将劳动者和经营管理者结合起来，才能取得好的效益。从某种意义上说，农业劳动和经营管理有分散性，其成果有很大的差异性。农民的劳动成果，在很大程度上要靠各个农民对生产进行合理安排，靠其对全过程细心地作业和管理，以及对市场的预测。这些特点决定了家庭经营是农业生产的一种较为合适的组织形式。

（三）农业家庭经营管理成本最小及劳动激励多样性

家庭成员具有利益目标的认同感，使得农业家庭经营的管理成本最小，劳动激励多样。家庭既不是单纯的经济组织，也不是单纯的文化或政治组织，维系家庭存在的，绝不限于经济利益这一纽带，而是还有血缘、情感、心理、伦理和文化等一系列超经济的纽带。这就使家庭其他成员可以从许多方面来对应组织的整体目标和利益认同，即把家庭其他成员的要求、利益和价值取向，比较自愿地当成自己的要求、利益和价值取向。多半是由于这种互补机制的存在，家庭无须靠纯经济利益的激励就能保持对其自身的目标和利益的基本一致性。由于家庭的婚姻、血缘关系，使得家庭经营组织具有较持久的稳定性，上一代对下一代的多方

面的寄托所形成的继承机制，使得家庭经营一般具有较长的预期，并能为实现这种预期而长时间地自愿协作。这使得农业家庭经营表现出其他经济组织都不具有的激励规则。家庭成员努力工作，无须以内部精密的劳动计量并同报酬相挂钩激发。因此，农业的家庭经营，一般无须监督，管理成本差不多总是最小的。

（四）家庭成员在性别、年龄、技能上的差别性可实现劳动力的充分利用

实行家庭经营，家庭劳动者及其全体成员可以进行家庭内部分工，使劳动力得到较充分利用。传统社会的"男耕女织"使家庭成为一个"小而全"的生产单位，在当代家庭分工协作的功能仍然存在。在劳动安排上，平时一人为主，忙时全家都上，必要时还可雇工，农闲时除照管人员以外，其他人均可以外出兼职。在劳动时间被分割得相当细碎的农业活动中，一些闲散和辅助劳动力也得到了充分利用。这在严格分工的组织中往往难以做到，而家庭的自然分工却能较好地满足这种要求。

基于上述各种原因，农业家庭经营可以适应不同的生产力水平、不同的所有制形式及不同的社会制度。但传统农业条件下的家庭经营与现代农业条件下的家庭经营却有着天壤之别。传统农业条件下的家庭经营是以自给自足、小而全、使用手工工具、物质和能源封闭性循环为基本特征的。现代农业条件下的家庭经营已经走向了商品化、企业化、规模化、社会化，把农业生产建立在现代科学技术的基础上，从农业以外投入大量的物质与能源。

二、中国农业家庭承包经营的特点

我国的农业家庭经营，大体经历了"个体农户"时期、"集体经济"时期和"双层经营"时期3个阶段。现行的农业家庭承包经营有其特有的属性和特点。

（一）我国农业家庭承包经营的本质属性

家庭承包经营是中国农村土地的基本使用制度和农业的基本经营制度。集体经济组织将集体所有或国家所有归其使用的土地等生产资料发包给本组织的成员，承包经营者对所承包的生产资料享有占有权、使用权、收益权以及国家政策和本组织章程所允许的处分权，独立行使经营自主权，并按承包合同规定履行上缴承包金和其他义务，集体组织根据生产需要和实际可能，提供各种服务，进行必要的管理协调。我国农业家庭承包经营具有以下属性：

（1）农业家庭承包经营是集体经济内部的承包经营，不同于个体的或资本主义的农业家庭经营，而是社会主义经济的组成部分。

（2）农业家庭承包经营是集体经济内部的一个相对独立的经营单位，因而不同于集体经济内部的一般分工，它直接构成市场的经营主体。

（3）农业在家庭承包经营的最重要的生产资料——土地是公有的，农户是承包者，土地所有权与使用权是分离的，农户拥有承包土地使用权。

（4）农户享有家庭承包经营的收益分配权，除了依据法律和承包合同向国家和集体的缴纳外，家庭承包经营的收益均归农户所有。

（5）家庭承包经营是集体经济的一个基本经营层次，集体经济还有统一经营的层次，而且两个经营层次是密切结合在一起的。

（二）我国农业家庭承包经营的特点

在中国农业从传统向现代化转化的进程中，农业家庭承包经营兼有以下特点。

（1）分散性与统一性。农业家庭经营始于自给自足的自然经济。目前农业双层经营体制下的家庭经营，一方面，农户家庭是集体经济的一个经营层次，属于新型的家庭经济，无论与过去的集体经济比较，还是与规模较大的国营农场经营比较，它都是一个相对独立的生产经营单位，实行自主经营，表现为"分散性"；另一方面，作为承包经营户，是社区集体经济组织的成员，依据承包合同，接受社区的统一规划指导、机械作业和各种信息服务等，从事生产经营活动，表现为"统一性"的特点。各地因经济发展水平和管理方式的不同，其统一的项目、手段与范围等也有所不同。随着农村社会生产力的发展，农户自主决策的分散经营与以合作、联合为特色的统一经营的联系将日益紧密。

（2）灵活性与计划性。与计划经济时期的集体经济相比较，市场经济条件下的农民家庭，拥有更多的经营自主权，其人员少，规模小，管理层次少，可以根据市场需求变化，及时调整生产方向，作出相应决策，其经营具有较强的灵活性；同时，一般农户虽然没有正规的书面计划，但大多能按照市场行情和自身消费需要，作出一定的计划安排。随着农户家庭经营规模的扩大，农民文化水平的提高，农户经营计划内容将不断丰富，作用也日益突出。

（3）自给性与商品化。由于各地农业生产水平和市场环境不同，农户自给性的生产和商品化生产的程度及其比例关系不尽相同。在交通不发达的边远地区，市场范围小，产品运销不便，常形成自给性生产为主与商品化生产为辅的结合经营形态；在交通方便的城市近郊、经济发达地区，市场区位优势突出，多发展适应市场需求的商品化生产，形成商品化生产为主和自给性生产为辅相结合的经营形态。随着市场经济体系的不断完善，农村工业化和农业现代化进程的加快，将极大地促进农业土地使用权的合理流转。随着社会分工的发展和社会生产力水平的提高，农业家庭经营的自给性将逐渐弱化，不断走向商品化、市场化是一种历史的必然。农户只有实现农业生产的商品化，才能打破"自给自足"和"小而全"

的农业生产模式，使农业生产走上专业化的道路和获得专业化发展的好处；才能打破农业生产的自我封闭状态，获得外界各种生产要素的支援；才能促使农民在生产中讲求效率和节约成本，才能提高经济效益和增加收入。

（4）专业化与兼职化。农业家庭经营的专业化，即指农户从事某一项生产或劳务的经营，逐步摆脱"小而全"的生产结构，生产项目由多到少，由分散到集中，由自给自足转变为专门为市场生产某种（类）农产品。农业家庭经营的专业化有利于充分发挥各农户的自然经济条件的优势，可以最大限度地利用优势集中生产和经营。农业家庭经营的兼职化是指以户为单位实行主业与辅业相结合的经营，即依据劳动者的专长和有利的自然经济条件及市场需求状况，选择除耕种土地或畜禽养殖等某项生产为主业外，同时又利用剩余劳动时间和其他生产资源从事某些辅业。由于每个农户土地经营规模过小及生产机械化程度的提高，仅靠农业生产经营难以满足农户生活水平日益提高的需要，大量农村劳动力出现剩余，于是就出现了农户的兼职化现象。

农业家庭经营的专业化既给农户带来致富的机会，也使农户经营的风险加大。这不仅因为一旦遇到自然灾害他们将遭到严重损害，更主要的是因为还要面对更大的市场风险。现在，农业家庭经营除经营农业外，还可从事工业、商业、运输、建筑、服务业等经营项目，不放弃承包的土地，在从事农业同时又兼营其他，这样一来，既可以分散经营风险，又可以获得更多的收入来源。

（5）企业化与社会化。农业家庭经营的企业化，是反映农户从自给自足、不进行经济核算的生产单位向提供商品农产品，追求利润最大化，实行自主经营和独立经济核算，具有法人资格的基本经济单位的转变过程。这个过程是一个长期的渐进过程，也是必须经历的过程。农业家庭经营的社会化，是指农户由孤立的、封闭型的自给性生产，转变为分工细密、协作广泛、开放型的社会化农业生产的过程。

农业家庭只有实现企业化的经营，根据市场的需要，生产适销对路的农产品商品，通过严格的经济核算，来优化配置本家庭的各种生产要素，提高农业生产的经济效益，最终才能够实现利润的最大化。农业家庭经营的社会化有利于充分发挥分工协作的优势，使各个农户、各个地区可以根据各自生产力要素的特点，发挥自身的优势，获得更多的经济效益。

现代农业家庭经营已与传统农业家庭经营有了质的区别，它保留了家庭经营的好处，又克服了传统经营的弱点，使其能与现代农业生产力相适应。

三、农业家庭经营的类型

农业家庭经营有多种分类方法，下面介绍几种主要分类经营形式。

（一）按其在双层经营中的关系划分

（1）承包经营型：是在坚持土地等主生产资料公有制的基础上，在合作经济组织的统一管理下，将集体所有的土地发包给农户耕种，实行自主经营，包干分配。其责、权、利是依据《中华人民共和国农村土地承包法》和借助于土地承包合同来规定的。

（2）自有经营型：是农户使用集体所有、农户永久占用的住宅庭院，包括房前屋后及划归农户开发利用的街道路边和隙地，利用自有资产而独立进行的家庭开发经营。它以市场需求为导向，自行独立地进行生产经营活动。

（3）承包经营与自有经营结合型：随着农村经济体制改革的深入、市场经济发展与农户家庭经营自主权的扩大，自有经营型比重加大，多数农户是承包经营与自有经营相结合型，少数是自有经营型。

（二）按从事农业生产劳动专业化程度划分

（1）专业农户经营：是指以农业收入作为家庭主要收入来源的农户，其从业收入（指工资性收入与家庭经营净收入之和）的90%以上来源于家庭经营中的农业经营。全职农户可以分为两类，一类是规模经营农户，一类是小农户。

（2）一兼农户经营：农户兼职指农户不仅从事农业生产，还从事非农业生产的现象，不同国家、不同地区对兼职农户的划分标准存在差异。以农业劳动力从业时间为准，一兼农户经营是指在家庭经营中以经营农业为主，兼营非农产业，且家庭必须有一个整劳动力从事农业生产，在一年内其从事农业劳动的时间要在150天以上。

（3）二兼农户经营：是以经营非农产业为主，以兼营农业为辅。这类兼职户，家庭成员中的主要劳动力全年从事农业生产活动的时间在150天以下。

（三）按家庭经营的组织化程度划分

（1）单个经营型。即分散经营型。小规模分散经营是我国农户家庭经营基本特点之一。

（2）联合经营型。一般有：农户之间的相互联合；农户与村级社区合作组织联合；专业生产者协会的松散联合；农户参与农业产业化经营。

（四）按家庭经营的商品化程度划分

（1）自给性经营。是一种自给自足的经营方式，生产的目的不是为了交换，而是为了直接获取使用价值，以满足家庭成员基本生活消费的需要。

（2）商品性经营。是指农户经营是为他人生产使用价值，为自己生产价值，即为交换而进行的生产。

（3）自给性与商品性结合经营。是一种半自给、半商品型农户的经营方式，它既从事自给性生产，直接为家庭成员提供生活消费资料，又从事商品性生产，用于市场交换以获取货币收入。

随着农村经济和现代农业发展，我国农业家庭经营收入、经营能力进入较快增长阶段，一些地方开始出现集约化、专业化、组织化、社会化程度较高，经济效益较好的家庭农场、专业大户等新型家庭经营组织，为我国家庭经营基础上的农业现代化增添了新的组织力量。

家庭农场是指以家庭成员为主要劳动力，经营面积达到规定规模，从事农业规模化、集约化、商品化生产经营，以农业收入为家庭主要收入来源的新型农业经营主体。家庭农场以追求效益最大化为目标，土地承包关系稳定，生产集约化、农产品商品化程度高，能为社会提供更多、更丰富的农产品，推进农业由保障功能向盈利功能转变。

专业大户指从事某一种农产品，具有一定生产规模和专业种养水平的农户。专业大户种养规模一般大于普通农户，规模化经营程度、专业化生产水平高，是推进农业市场经济、农业现代化建设的重要力量。

四、农业家庭承包经营制度的稳定与完善

（一）家庭承包经营需要在发展中完善

以家庭经营为基础、统分结合的双层经营是我国农村基本经营制度。以家庭经营为基础、统分结合的双层经营打破了单一层次的传统集体经营，解决了广大农民农业生产积极性长期低落的问题，极大地促进了农业和农村生产力发展。随着我国农业规模化、产业化发展，当前家庭承包经营存在的以下弱点越来越凸显：

（1）经营规模狭小。

（2）商品化程度和对市场适应程度不高。

（3）大多缺乏现代技术装备。

（4）农民的文化、科技水平不高。

（5）家庭经营的社会化程度不高。

出现这些弱点，不是家庭承包经营制度的必然产物，而是由于我国农业现代化水平不高，家庭经营还处在与传统农业相结合的阶段。对此，2018年"一号文件"指出，应统筹兼顾培育新型农业经营主体和扶持小农户，采取有针对性的措施，把小农生产引入现代农业发展轨道，通过培育各类专业化、市场化服务组织，推进农业生产全程社会化服务，帮助小农户节本增效；通过发展多样化的联合与合作，提升小农户组织化程度；通过注重发挥新型农业经营主体带动作用，打造

区域公用品牌，开展农超对接、农社对接，帮助小农户对接市场；通过扶持小农户发展生态农业、设施农业、体验农业、定制农业，提高产品档次和附加值，拓展增收空间；通过改善小农户生产设施条件，提升小农户抗风险能力。促进小农户和现代农业发展有机衔接，为稳定和完善家庭承包经营提供了新动能。

（二）稳定农村土地承包关系

"三农"问题在当前和今后一定时期仍是中国面临的重要问题，"三农"问题突出为土地问题。农村土地集体所有兼顾国家、集体、农民三者利益，既能保护农民正当权益，又能促进土地资源的优化配置，必须毫不动摇地坚持。

（1）巩固和完善农村基本经营制度。落实农村土地承包关系稳定并长久不变政策，衔接落实好第二轮土地承包到期后再延长30年的政策，让农民吃上长效"定心丸"。全面完成土地承包经营权确权登记颁证工作，实现承包土地信息联通共享。稳定农村土地承包关系，完善土地所有权、承包权、经营权分置办法，"三权分置"理论作为农村土地制度建设的又一次伟大创新，符合发展适度规模经营的时代要求，是中国经济社会发展到一定阶段的必然选择，为新形势下完善中国特色农村基本经营制度奠定了制度基础。

（2）加强土地承包经营权流转管理与服务。坚持依法、自愿、有偿的原则，引导农村土地承包经营权有序流转，鼓励和支持承包土地向专业大户、家庭农场、农民专业合作社流转，发展多种形式的适度规模经营。结合农田基本建设，鼓励农民采取互利互换方式。解决承包地块细碎化问题。农村承包土地经营权可以依法向金融机构融资担保、入股从事农业产业化经营。

（3）完善农村土地承包法和土地承包经营权纠纷调解仲裁体系。修改农村土地承包方面的法律，明确现有土地承包关系保持稳定并长久不变的具体实现形式，界定农村土地集体所有权、农户承包权、土地经营权之间的权利关系。保障农村妇女的土地承包权益，维护进城落户农民土地承包权、宅基地使用权、集体收益分配权，引导进城落户农民依法自愿、有偿转让上述权益。建立健全乡村调解、县市仲裁、司法保障的农村土地承包经营纠纷调解处理机制。

（三）大力发展农村集体经济

（1）多渠道发展壮大农村集体经济。从实际出发探索发展集体经济有效途径，鼓励地方开展资源变资产、资金变股金、农民变股东等改革，增强集体经济发展活力和实力。选择村组织健全，集体资金、资产、资源（简称"三资"）清楚，具有一定经济实力的村组建社区性合作社，为村民提供耕种、植保、防疫、收获、销售等统一服务，在服务过程中不断壮大村集体经济实力。鼓励和引导集体经济组织利用资金、资产和资源，以入股、合作、租赁、专业承包等形式，发展与承包大户、技术能人、企业等联合与合作经营。鼓励和引导集体经济组织与农民专业合作社、农业产业化龙头企业以及其他社会化服务组织实现多元化、多层次、多形式联合。

（2）加强农村"三资"监督管理。加强农村集体资金、资产、资源管理，提高集体经济组织资产运营管理水平。全面开展农村集体资产清产核资、集体成员身份确认，加快推进集体经营性资产股份合作制改革。摸清村集体经济组织"三资"的家底，推行"三资"代理服务，加强"三资"运营指导，建立"三资"台账。切实加强农村集体经济组织审计监督，重点做好村干部任期和离任审计、土地补偿费以及农民负担专项审计。

（3）稳步推进农村集体经济组织产权制度改革。以城中村、城郊村、园中村和集体经济实力较强村为重点，确立村集体经济组织法人地位，建立归属清晰、权责明确、利益共享、保护严格、流转规范、监管有力的农村集体经济组织产权制度。在具备条件的村，指导村集体经济组织组建"三资"经营公司，通过市场化经营手段做大做强村集体经济。

（4）加强村级债务管理，逐步化解村级债务。以制止发生新的不良债务为首要目标，以建立控制债务长效机制为主要内容，将债务管理与发展村级集体经济、规范村级财务管理、健全民主监督机制相结合，逐步化解现有债务。

（四）完善新型农业社会化服务体系

建设中国特色现代农业，必须建立完善的农业社会化服务体系。要坚持主体多元化、服务专业化、运行市场化的方向，充分发挥公共服务机构作用，加快构建公益性服务与经营性服务相结合、专项服务与综合服务相协调的新型农业社会化服务体系。

（1）加快健全农业公共服务机构。提升乡镇或区域性农业技术推广、动植物疫病防控、农产品质量监管等公共服务机构的服务能力。实施基层农技推广体系改革与建设项目，建立补助经费与服务绩效挂钩的激励机制。实施农业技术推广机构条件建设项目，不断改善推广条件。鼓励和支持高等学校、职业院校、科研院所面向农村开展农业技术推广。加强乡镇或小流域水利、基层林业公共服务机构和抗旱服务组织、防汛机动抢险队伍建设。充分发挥供销合作社在农业社会化服务中的重要作用。加快推进农村气象信息服务和人工影响天气工作体系与能力建设，提高农业气象服务和农村气象灾害防御水平。

（2）积极培育农业专业化、社会化服务组织。适应现代农业发展和农民分工分业的要求，积极培育多元化、多形式、多层次的各类农业服务组织，重点支持为农户提供代耕代收、统防统治、烘干贮藏等服务，发挥对农业生产经营的支撑作用。支持多种类型的新型农业服务主体创新服务模式，鼓励开展农业生产全程社会化服务。推动供销合作社由流通服务向全程农业社会化服务延伸、向全方位城乡社区服务拓展，把供销合作社打造成为与农民利益联结更紧密、服务功能更完备、市场化运作更高效的合作经济组织体系。

（3）推进农业服务机制创新。积极探索以政府公益性服务为支撑、以农民专业合作社为平台、以专业化服务为载体的高产创建新机制，全面实行农业技术推广"科技人员直接到户、良种良法直接到田、技术要领直接到人"的服务责任制。大力推广种子种苗统供、病虫害统防统治、农村沼气统一维护管理等服务方式。积极推动农机跨区作业、订单作业、承包作业、一条龙作业，探索建立示范、推广、服务一体化的农机服务新模式。建立健全以产量、质量和经济效益以及农民群众服务满意度为主要内容的为农服务考评制度和激励机制。

（4）改革创新农业生产资料供应方式。构建新型农业生产资料物流机制。加强县乡农资配送中心和中心库建设，发展农资专卖店、连锁店，实行看样订货、预约订货、电话订货，实行送货上门。开通农业生产资料下乡的"快车道"和"直达车"，减少中间环节，尽可能地降低农村商品的进货成本。各配送中心送货至农资连锁网点可扩大经营范围，参与农产品收购、加工、包装，向集贸市场、超市配送，完成双向流通。

第三节　农业合作经济组织

一、农业合作经济组织的含义

农业合作经济组织也称作农业合作社，是指农业小生产者为了维护和改善各自的生产和生活条件，在自愿、互助和平等、互利的基础上，联合从事特定经济活动所组成的经济组织形式。中国目前农业合作经济组织的主要形式为农民专业合作社。根据《中华人民共和国农民专业合作社法》规定，农民专业合作社是指在农村家庭承包经营基础上，农产品的生产经营者或者农业生产经营服务的提供者、利用者，自愿联合、民主管理的互助性经济组织。

二、农民专业合作社产生的原因

（一）社会分工与生产专业化需要农民专业合作社

社会分工是商品生产存在的基本前提之一，农业生产越专业化、商品化，就越要求进行各种形式的合作与联合。在自给自足的自然经济基础上，农户的农业生产出现了剩余，为农户之间进行合作提出了需求。同时，在农业生产发展过程中，也只有在各个农户之间出现了相当的社会分工和专业化，生产的各个不同环节、阶段由不同的生产组织去完成的情况下，彼此之间的合作才尤显必要。

（二）市场风险和自然风险需要农民专业合作社

农业生产的商品化，把众多的农户推向了市场，随着市场经济的发展，资源的配置由市场价值规律调节来实现，从而进一步引导生产。分散的农户对市场风险的抵御能力不足，同时还要受自然灾害的影响，彼此合作是抵御和避免市场风险和自然风险最有效的办法。

（三）农业生产规模化经营需要农民专业合作社

通常，农户的经营规模较小，单独采购生产资料难以获得价格优惠，单独出售农产品也难以卖出个好价钱，在生产中单独使用某种大型的机械或采用某项先进的生产技术措施也可能变得不经济。因此，为了享受买与卖环节的价格优势及降低生产成本，分散农户需要通过合作社联合起来，借助外部交易规模，实现交易成本的节约，实现规模经济。

（四）市场经济的快速发展需要农民专业合作社

市场经济的发展是农业合作社发展的基础和社会条件，市场经济的扩张是农业合作社不断地发展的土壤，并为它的进一步协调发展起推动作用。

三、农民专业合作社运行的基本原则

对于合作社的运行，当前大多数合作社组织及合作学者们仍信奉传统原则，即在1860年英国罗奇代尔公平先锋社提出的"行为规则与组织要点"的基础上，1966年国际合作社联盟所提出的六项基本原则，其中最重要的有4项。

（一）入社自由原则

任何人只要能从合作社的服务中获益并履行社员的义务、承担社员的责任都可入社，不得有任何人为的限制及社会、政治和宗教上的歧视。

（二）民主管理原则

管理人员由社员选举产生或以社员同意的方式指派，管理人员对社员负责。基层合作社的社员有平等的投票权——每人一票，并参与决策。其他层次的合作社应在民主的基础上以适当方式进行管理。

（三）公平原则

主要指在合作经济组织的分配中，应当是公平合理的。合作社成员是为了合作收益走到一起来的，因此，他们对合作收益的分配，会给予最大的关注。

（四）互利原则

这项包括两层含义：一是每个社员都必须对合作社、对他人做出基本限额以上的贡献；二是每个社员都能从合作社得到自己所需要的帮助。"我为人人，人人为我"，就是互利原则的具体表现。

四、农民专业合作社的经济行为特征

农业是一个弱质产业，个体的农民在市场竞争中经常处于不利的地位，因此农业经济主体的合作对于农业的发展和农民市场地位的提高具有极其重要意义。农民专业合作社具有合作社的一般特征，即成员自由加入和退出、民主平等管理、互助共赢和利益共享等。但作为一种特殊的合作组织，它还具有以下3个基本特征。

（一）农民专业合作社是家庭经营

基础上的协作经营农业是特殊的行业，经营模式是以家庭经营为主，农业经营的个体经济就是家庭经营经济，这一特征使得农业合作经济组织在发展时期，尤其是在传统农业向现代农业过渡的时期更带有社区性和综合性。

（二）农民专业合作社的启动有一定难度

农业经营是一种典型的分散经营，尤其是传统农业，在商品化率低，小规模、半自给性经营条件下农民的合作意识很低，这说明合作社的发展与市场竞争有着密切的关系。

（三）农民专业合作社发展需要政府的大力支持

农民专业合作社对于壮大农业经营主体的力量有着极其重要的作用，从而有利于促进农业的发展。但由于农民的合作意识较差，管理能力不高，政府应该在教育、培训和提供信息方面予以支持。

五、推进农民专业合作社发展

根据合作社的基本原则，农民专业合作社的建立应该采取诱致性制度变迁路径。但完全靠农民自身的力量自发地把分散的个体组织成有凝聚力的团体，难度非常大。因此很有必要由政府出面，扶持并引导农民组建农民专业合作社。

（一）政府引导，加快发展各种形式的农民专业合作社

作为一种具有准企业性质的农业合作经济组织必须具有独立的法人资格，其经济活动应与其他企业法人具有同等的权利和义务。由全国人民代表大会常务委

员会于2006年10月31日通过，并于2007年7月1日起施行的《中华人民共和国农民专业合作社法》，明确了农民专业合作社的原则、设立和登记，成员、组织机构、财务管理、扶持措施、法律责任等。自此，合作社作为一种不同于公司的组织形式在中国被迅速推广。农业产业分布广泛，涵盖粮棉油、肉蛋奶、果蔬茶等主要农产品生产，并扩展到农机、植被保护、民间工艺、旅游休闲农业、电子商务等多领域多业态。服务领域拓宽，在专业合作的基础上探索出股份合作、信用合作、专业合作社再联合等。农民专业合作社在农业农村经济社会发展中发挥了重要作用。同时，一些专业合作社存在管理不民主、财务制度不健全等问题，甚至出现许多"空壳社""挂牌社""家庭社"，影响和制约了合作社的健康发展。为此，2017年12月27日全国人民代表大会常务委员会对该法进行修订，于2018年7月1日施行。修订后的《中华人民共和国农民专业合作社法》取消了有关"同类"农产品或者"同类"农业生产经营服务中"同类"限制，扩大法律调整范围；扩大农民专业合作社的服务类型，将农村民间工艺及制品、休闲农业和乡村旅游资源的开发经营等新型农民专业合作社，以及农机、植被保护、水利等专业合作社纳入调整范围；允许农民专业合作社内部开展信用合作；增设农民专业合作社联合社专章；为规范农民专业合作社的健康发展，规定农民专业合作社连续2年未从事经营活动，或者连续3年未报送年度报告的，吊销其营业执照。还就成员新入社和除名、盈余分配，以及法律责任等内容的有关条款做了修改完善。

（二）认真落实扶持政策，为农民专业合作社发展提供政府援助

加大对农民专业合作社的扶持力度，政府可以为农民专业合作社的成立提供一定的启动资金，提供一定额度的贴息贷款；扩大财政支持规模，落实税收优惠政策措施；允许和支持有条件的农民专业合作社开展信用合作和兴办资金互助社，把农民专业合作社纳入各级政府扶持的信用担保机构涉农担保业务的服务范围；支持有条件的合作社承担国家涉农项目，新增农资综合补贴资金向农民专业合作社倾斜；扶持专业合作社自办农产品加工企业。促进农村信用合作社和供销合作社为农民专业合作社提供资金、技术、物质支持。认真组织开展农民专业合作社示范社建设，大力推进"农超对接"，提升合作社市场竞争能力。

（三）加强农民专业合作社人才队伍建设

各级农业部门要加强对农民专业合作社负责人的培训。扩大"民生工程"培训范围，把农民专业合作社经营管理人员、财务会计人员、信息人员、辅导人员和专业技术人员培训作为重要实施内容，积极培养农民专业合作社经营管理、技术服务和信息辅导等专业人才队伍，不断提高农民专业合作社生产经营能力。

（四）加强农民培训

合作社的教育是国际合作社联盟提出的合作社运动指南的7条原则之一。为引导农民走农业合作的道路，对他们进行农业合作社方面知识的教育是十分必要的。各级政府应利用各种可利用的手段和力量，对农民、农业院校的学生以及政府有关部门的工作人员进行合作社运动的教育和培训，向他们介绍国外合作社运动的发展情况，讲解中国农民专业合作社的内涵，明确农民专业合作社的自愿、自治、民主管理的组织原则，了解政府的各项扶持政策，从而提高他们对农民专业合作社的认识水平。

第四节　农业产业化经营组织

一、农业产业化经营的内涵、特征与成因

（一）农业产业化经营的内涵

中国的农业产业化经营，缘起于20世纪90年代初，是中国的一种独特叫法。对于农业产业化经营的定义，目前达成的基本共识是：农业产业化经营是以市场为导向，以农户经营为基础，以"龙头"组织为依托，以经济效益为中心，以系列化服务为手段，通过实行种养加、产供销、农工商一体化经营，将农业再生产过程的产前、产中、产后诸环节连接为一个完整的产业系统，是引导分散的农户小生产转变为社会化的大生产的组织形式，是多方参与主体自愿结成的经济利益共同体，是市场农业的基本经营方式。在中国，农业产业化经营的基本组织形式有3种："农产品市场+农户""农业龙头企业+农户"和完全一体化经营。

（二）农业产业化经营的特征

（1）生产专业化。围绕主导产品或支柱产业进行专业化生产，把农业生产的产前、产中、产后作为一个系统来运行，做到每个环节的专业化与产业一体化协同相结合，使每一种产品都体现为原料、初级产品、中间产品、最终产品的制作过程，并以商品品牌的形式进入市场。

（2）企业规模化。农业生产专业化的效率是通过大生产的优越性表现出来的，因为农业生产经营规模的扩大，有利于采用先进的农业科学技术，降低农业生产成本，为农产品的生产、加工、销售奠定条件。企业规模化虽然有生产经营规模扩大的意思，但更重要的是指农产品生产、加工和运销的农户和企业生产要素的组成比例要匹配，要避免或减少某种生产要素的不足或浪费，为农业产业化经营的高效运行奠定基础。

（3）布局区域化。每个支柱产业或生产系列，按照区域比较优势原则，设立专业化小区，按小区进行资源要素配置，按商品生产基地要求进行布局，以充分发挥区域化生产效应。

（4）经营一体化。通过多种形式的联合与合作，形成市场牵龙头、龙头带基地、基地连农户的贸工农一体化经营体制，使外部经济内部化，从而降低交易过程的不确定性，降低交易成本，提高农业的纵向规模和组织效益。

（5）管理企业化。通过"公司+基地+农户"等联结方式，构成一体化联合体，采取合同契约制度、参股分红制度、全面经济核算制度，互补互利、自负盈亏、讲求效益，对全系统的营运和成本效益实行企业化管理。

（6）服务社会化。通过一体化组织，农户既可以利用"龙头"企业资金、技术和管理优势，又可以利用有关科研机构，对其提供产前、产中、产后的信息、技术、经营、管理等方面的服务，促进各种要素直接、紧密、有效地结合。

（三）农业产业化经营的成因

（1）适应消费者对食品消费需求变化的需要。随着人们生活节奏的加快，人们对方便食品和已加工食品的需求不断增加，这使得食品加工业得到了更快的发展。而食品加工企业一般经营规模较大，为了保证农产品等加工原料的稳定供应，就需要与农产品的生产者建立稳定的联系。同时，随着收入水平的提高，人们对食品质量提出了更高的要求，消费者越来越关注食品的品质和质量安全，要求食品加工企业必须有专门的农产品原料生产基地，并能对农产品整个生产过程中的质量进行有效的控制。要做到这一点，必须提高农业的组织化程度，整合农业的相关产业链条。这是农业产业经营水平不断提高的外部推动力。

（2）缓解农产品生产季节性和消费需求常年性矛盾的需要。农产品生产周期长，不仅具有明显的季节性，而且具有鲜活易腐性。但农产品的消费需求却具有常年性，并呈现出一定的刚性，需求价格弹性较小。要解决农产品生产季节性和消费需求常年性的矛盾，就必须通过农产品的贮藏、加工、运销等措施，延长农产品的保质期，使其更容易远距离运输。农产品生产和消费者需求的这一根本性矛盾是农业产业化经营产生和发展的内在原因。

（3）降低经营风险的需要。随着农户经营规模的扩大和专业化水平的提高，不仅要面临自然风险，而且要面临更大的市场风险。在农户和涉农企业都面临着风险，降低经营风险的共同愿望促使他们有可能结成更为稳定的交易和合作关系，产业化是更好的选择。

（4）降低市场交易费用的需要。从流通环节或农户与市场的关系来看，无论是产前的生产资料购买，还是产后的产品销售，单靠农户自己去完成，交易费用相当高。在农用生产资料购买和农产品销售两个方面农户都处于不利地位，农户为此要支付大量的交易费用，使得这种交易费用过高。对农业龙头企业来说，交易费用的节约主要是节约了在种子、原料销售和农产品购买等方面寻找、评价、质量检测和签订契约等方面的费用。建立农业产业化经营组织以后，农户和农业龙头企业都可以节约交易费用。

（5）解决农产品质量信息不对称的需要。在农产品加工过程中，由于农产品的提供者和加工者对农产品的质量存在信息不对称，即农产品的生产者对农产品的质量如何有充分的信息，而加工者很难全面了解其质量信息，要想清楚地掌握需要，付出很高的检测成本。如果农产品的生产者或提供者与加工者仅在市场发生交易关系，那么加工者就很难保证获得符合质量要求的农产品。通过合同或一体化方式，可以在一定程度上实现对农产品及其生产过程的监督和控制，从而有利于以较低的成本获得符合加工质量要求的农产品。

二、农业产业化经营的组织模式

（一）"龙头"企业带动型

是由一个或几个农产品加工企业或营销性公司作为龙头，与农户通过契约关系，建立起相对稳定的经济联系，结成产加销一体化经营组织。其基本形式是"龙头企业+农户"，其衍生形式有"龙头企业+基地+农户""龙头企业+合作社+农户""龙头企业+专业协会+农户"等。其特点是：龙头企业与农产品生产基地和农户结成贸工农一体化经营系统；利益联结方式是根据产销合同订购或实行保护价收购；农户按合同规定，定时、定量向企业交售优质产品等。

（二）市场带动型

这种类型是指以专业市场或专业交易中心为依托，拓宽商品流通渠道，带动区域专业化生产，实行产加销一体经营。其运行基本原则，一是因地制宜的原则，二是建管并重的原则，三是宏观调控原则。

（三）主导产业带动型

即从利用当地资源、发展传统产品着手，形成区域性主导产业。从利用当地资源优势，培育特色产业，逐步扩大经营规模，提高产品档次，组织产业群，延伸产业链，形成区域性主导产业，经其连带效应带动区域经济发展。

（四）中介组织带动型

以各类中介组织为载体，将分散经营的农户组织起来，共同进入市场，参与竞争，让农民参与贸工农一体经营，并通过中介组织维护农民的合法权益，使农民的大部分生产经营活动通过中介组织得以实现。中介服务组织带动农业产业化经营发展也是一种比较常见的模式，它在我国农村改革和市场化发展中产生与发展，并在分散的农户与统一大市场之间架起了一座桥梁。

三、我国农业产业化经营的组织实施

（一）扶持农业产业化龙头企业，全面提升农业产业化水平

创新农业产业化投入机制，拓展投资渠道，建立以政府投入为引导，企业和农民投入为主体，银行信贷、社会筹资和外商投资为支撑的多元化投融资体系。落实农业产业化扶持措施，在龙头企业贷款担保、建立风险基金、税费减免、建立鲜活农产品流通绿色通道等方面拿出切实有效的办法，为龙头企业发展创造良好环境。积极扶持规模大、附加值高、有辐射带动能力的龙头企业。

（二）大力发展农产品精深加工

以项目为支撑，主攻大宗农产品和区域特色农产品的精深加工，延长农产品加工产业链条。加大农产品品牌创建力度，以主导产业为基础，瞄准国内同行业领先企业和知名品牌，利用政府资源，集中培育、扶持、推介一批知名品牌，提升本地农产品在国内外市场的竞争力。

（三）推进农业产业化示范区建设

以促进农业发展方式转变、推进产业优化升级、增加农民收入为目标，择优建设一批龙头企业相对集中、农产品加工水平较高、集群优势明显的农业产业化示范区。

（四）强化农业产业化利益联结机制

规范履约行为，帮助龙头企业和农户规范合同内容，明确权利、责任，协调解决龙头企业与农户利益关系，逐步实行合同可追溯管理，引导龙头企业与农户形成相对稳定的购销关系。大力推行"龙头企业+合作组织+农户"的组织形式，充分发挥合作社在联结龙头企业与农户之间的桥梁纽带作用。

第三章　农业生产要素管理

第一节　土地资源管理

对于土地的总体规划可以说是土地资源管理的总原则，是一切管理的先行工作，同时更是对城镇总体建设的有效保障，在管理的过程中不仅可以实现对各项资源的优化配置，也是社会总体生态环境得以大幅改善的前提条件之一。当前阶段对土地资源的开发利用问题也日趋显得突出起来，特别是对城市建设中对于土地占用的相关问题，以及社会土地利用率、农田保护情况等。作为政府而言就是要从整体的角度与立场出发，对国家土地资源的开发利用实施宏观调控，从而带动经济的快速、稳健发展。

一、土地资源管理的现状及存在问题

近年来，随着土地资源的不断开发与大量占用，对土地资源的管理与保护问题也逐步变得迫在眉睫，而相应的管理措施也随之进行了一些变动，因此管理过程也实现了不断的制度化与程序化，尤其是不断地规范市场行为的过程，也逐步实现了集约化的管理模式。但在实际的土地规划管理过程中仍不免会出现一系列较为难解决的问题。

（一）土地资源的利用率相对较低

对大部分地区虽已逐步实现向集约型的不断转变，但仍存在着大量的不同程度的土地闲置情况，这是对土地不能充分利用存在的一些主要问题，此类现象在城镇级农村可以说是十分普遍的，在城市建设过程中，大量的以往居住农村的居民通常为给自己留下部分空地，而不愿将原有的宅基地等交由政府集体来进行处

理，从而出现了新建就是对两处宅基地的占用，但由于不加以运用，常年空荒的土地几乎不存在利用价值。从而造成了大量的土地资源浪费的严重问题。

（二）土地资源的不断流失

在城市建设过程中，不断出现经济潮汐的影响，大量土地招商管理公司为尽快实现经济的增长与资金的引入，经常在招商的过程中降低土地使价格、批量出售，从而使土地资源并不能拥有其应有的市场价格，同时又使大量土地资源面临流失。

（三）对占用土地的布局规划缺乏执行力

城市建设过程中总是会出现这样的现象，在项目建设前期的审批中，相关建设单位所提交的项目方案是较多的考虑了对土地资源的大幅利用，但在后期的建设执行过程中，通常又有着更多的变数，伴随较长的建设工期，直至建设竣工，则会出现与建设规划的项目方案相差甚远的现象。主要原因是在土地利用的过程中对总体建设规范的认识不到位，不能真正意识到其严肃性与权威性等，所以在建设的过程中不免会出现缺乏约束，建设布局较为随意、分散，不能充分考虑对土地的综合有效利用，通常会出现项目规划考虑全面，项目建设处处遗漏的现象，当然，在城市建设中也存在少数的违法占地及用地现象。

（四）土地资源的供需出现严重的失衡

在国家总体土地资源的供应与占用过程中，通常存在着较为严重的失衡问题，尤其是对于国家耕地面积的控制上，也采取的很多的政策与措施。在国家资源规划管理的计划中，目前国家的土地耕种占用资源已基本持平，并出现了较为难以满足人口不断增长所带来的压力，人口的不断增长对社会基础设施建设、经济发展等各项对土地资源的大量需求，不断将土地资源供需失衡的问题推上社会经济的舞台。

二、当前土地资源法治化管理现状

（一）相关的法律法规不够健全

在进行一系列的改革措施之后，我国制定了专门的法律、法规对土地资源进行管理，虽然制定的相关规定比较健全，但是当把这些法律、法规落到实处时就出现了问题。主要表现在：与土地资源管理相关的政策不能够认真履行，权力划分不够明确，由于多种因素，出现了权利的位移现象；由于土地使用者的合法权益没有得到有效的保证，有时甚至会出现暴力冲突，发生人身伤亡的惨剧；法律、法规的制定有时跟不上土地资源形势的变化，导致其具有一定的滞后性，在解决群众集体土地资源纠纷时，就会出现无法可循、无理可依的现象，从而造成社会的混乱，不利于和谐社会主义社会的构建。以上这些现象相关的工作部门应该给予高度的关注，防止出现更加严重的后果。

（二）土地所有权和使用权之间存在矛盾

中华人民共和国成立以来，我国进行了几次大规模的土地改革，最终在全国确立了家庭联产承包责任制，即土地仍然是集体所有，根据每户家庭的人口数量来分配土地，民众拥有对土地资源的使用权，并非所有权。这就出现了一对矛盾，即使用权和所有权的矛盾，两者之间的难以划分出一个明显的界限，但是却又存在着差别。尤其是近年来，我国建筑工程的增多，而土地管理政策却不能够及时地根据变化进行迅速地调整，导致土地资源管理日益困难，如何解决这一问题迫在眉睫。

（三）部分地区滥征用土地现象严重

在我国有些地区，为了保证经济的发展，当地政府实行地方保护主义政策。滥用职权，征用农民的土地，只是为了片面发展自身的经济，这样的做法极其不符合经济整体发展的目标，只顾眼前的近期利益，而忽略了长远利益的获得。这样的做法危害极大：首先，造成大量的耕地流失，直接导致了每年粮食产量的锐减，无法保证国家的粮食安全；征用了农民的耕地，致使农民失去了重要的生活经济支柱，当给予的补偿金用完之后，农民无以为依，势必会造成社会的混乱；在进行土地资源管理中一些地方的小领导滥用职权，在群众中造成不良的影响。

（四）对土地进行破坏性的开发和利用

有些土地开发商从农民的手中得到了土地的使用权之后，为了尽快收回其投入的成本，对土地进行肆意使用，过度对其进行开发和利用，超过了土地本身所能承担的范围。这种只顾眼前利益，不顾长远利益的做法，对环境造成了极大的破坏，把经济的发展建立在损害环境的基础上，与我国制定的可持续发展国策是相悖的。特别是在目前的情况下，权本位意识浓厚。而广大民众因为弱势地位，在集体中没有很好地维护自己的利益，被排斥在土地的所有权主体之外。这些集体的土地一旦被既得利益者占有之后，对土地进行破坏性开发占的比重较大，例如：过度的挖沙取土等，这种只顾眼前经济利益的乱采滥伐行为，在农村土地管理中则是难点所在。这些情况应该引起各级政府部门的足够重视。

三、农村土地资源管理存在的问题及措施

我国农村土地资源总量较多，土地使用的类型多样化，但是在土地资源管理方面还存在一定的不足，现在国内很多农村土地资源没有得到有效的管理和利用，

在一定程度上浪费了资源。因此，造成了我国现在农村土地资源紧缺状况。为了改变这种状况，加强农村土地资源管理非常必要，国家应多注重这方面发展，提高农村土地资源管理效率，保障我国农村经济发展。

（一）农村土地管理存在问题

1.土地管理政策不完善，管理力度低下现阶段的土地管理制度还处在不完善的阶段，土地管理制度在设立的时候与当今社会发展情况有一定的差距。因此，随着社会的不断发展，土地管理制度也应随着社会的发展而不断完善，以便适应当今农村土地管理的现状。其次就是土地管理的力度还比较低下，政府部门应增强对农村土地管理的力度，加快农业的发展，因此完善土地管理政策及加强管理力度，刻不容缓！

2.土地闲置及占用问题严重

在农村土地闲置的情况比较常见，可耕种的土地被闲置下来得不到有效的利用，造成了土地资源的浪费。在占用土地时出现了强买、强占的现象，这时政府就应发挥作用，对土地进行管理，合理地规划与使用土地。

3.住宅基地土地使用问题

在农村一家多宅现象及随处建设住宅现象比较常见。住户在建新住宅时会遗弃原有住宅，重新选地进行建筑，造成大量的土地被住宅基地占用。这种做法会造成住宅基地的土地浪费，浪费的土地得不到收回，不能够再次有效利用。农村住宅基地的使用应有严格的土地管理规定，保障土地的充分使用。

4.违反土地使用规定的问题

在农村，人们缺乏对《中华人民共和国土地管理法实施条例》的了解，造成土地管理困难。人们违反规定建房的行为比较常见，通常表现在土地未进行批准使用或者批准文件还未下发就对土地进行使用或扩大使用面积等。这给管理部门的治理带来了很大问题。同时，土地买卖和转让双方进行协定，不经过上级部门的认定就私自进行交易；而且部分地区的土地管理部门还出现对土地支援款进行拦截及挪用等现象，这对土地管理都造成了一定的影响。

5.缺乏土地管理意识

之所以会造成农村土地管理的困难，就是因为人们对于土地管理的意识十分淡薄，重视程度不足。只是单纯理解为土地是自己的，自己对土地有随意支配权，可以任意进行转让和使用。

（二）如何科学管理与规划应用农村土地资源

1.因地制宜，发挥优势

我国农村土地资源具有很大的差异性，理化性状也是千差万别。因而各地在土地利用上都有优势和劣势。因此，必须根据土地资源的自然特点及各地经济条件，因地制宜地确定适宜用途，充分发挥土地利用的潜力，合理开发利用土地资源。

2.统筹兼顾，统一规划

合理利用土地资源，就要贯彻统筹兼顾，统一规划、合理布局、综合利用的原则。在统筹兼顾的原则下，制定农村土地利用规划。根据农村各业经济发展的要求和土地资源状况，在农业优先的前提下，因地制宜、统筹安排农、林、牧、渔业和乡镇工业、交通运输等土地利用结构和布局，并协调各土地利用方式之间的关系，充分发挥土地资源的效益。

3.节约用地、集约经营

随着我国人口的不断增长，人民生活水平不断提高，城镇工矿企业不断发展，对土地资源的需求不断增加，然而由于资源的有限性以及我国土地少、人口多的特点，要求我们必须珍惜土地，节约用地，集约经营。节约用地是指，一方面要充分开发利用一切可以利用的土地，防止空闲荒芜，使有限的土地发挥更大的作用；另一方面是坚决制止乱占和滥用耕地。集约经营是指，要讲求提高土地利用的经济效益，在单位土地面积上，以较少的人力、物力消耗获得较多的物质财富。就乡镇工业而言，其用地的集约经营是指在通常的经济、技术、场地和常规生产经营条件下，单位土地面积取得较多的经济效益。

4.保护土地，防治并重

保护土地是扩大农业用地，提高土地利用率的另一条重要途径。我国不少地区由于乱砍滥伐、毁林开荒、毁草种粮以及广种薄收、过度放牧，致使水土流失、风沙侵袭的现象日趋严重，影响我国农业和整个国民经济的发展。因此要认真贯彻"防治并重，治管结合，因地制宜，全面规划，综合治理，除害兴利"的水土保持工作方针。同时，要节约用地。我国人多地少，节约用地是一个极其重要的问题，如果不注意节约用地，任意扩大基建用地和房屋建筑用地，就会加重我国人多地少的矛盾。

第二节　劳动力资源管理

随着农村改革的不断深入和市场经济的快速发展，农业生产、农村经济、农民生活有了很大的改善，农村劳动力在推动农业生产和农村经济繁荣方面发挥着越来越重要的作用。在农村经济快速发展的过程中，农村劳动力自身也遇到了困难和问题，原有的生产劳动模式逐渐被淘汰，新的生产方式、生产技术不断被引进应用，农村劳动力要生存、要发展，许多现实问题亟待解决。

一、农村劳动力素质现状及成因分析

（一）农村劳动力素质现状

1.思想素质低

我国农村受长期自然经济的影响，大多数农村劳动力小农意识浓厚，思想保守，满足于现状和眼前利益，缺乏较强的成就动机，对新观念、新技术、新事物反应冷淡，商品意识淡薄，缺乏经营观念。

2.文化素质低

在我国农村人口中，大部分只有高中以下学历，而美国农民大部分是从州立农学院毕业的；法国7%以上的农民具有大专文化；德国6.7%的农民具有大学文凭；日本农民中5%是大学毕业生，高中毕业生占74.8%。另外，受到妇女生理条件的限制和传统"男主外、女主内"观念的影响，妇女及其家庭无法正确认识妇女教育的提高有利于提高妇女劳动生产能力，有利于提高妇女的人力资本，从而造成了农村妇女劳动力素质不高，更低于男性劳动力素质。全国从业人员中，初中文化程度以下的男性从业人员占83.9%，女性从业人员则占88.1%。

3.科技素质低

目前，我国农村劳动力中大部分属于体力型和传统经验型农民，不具备现代化生产对劳动者的初级技术要求。绝大多数劳动力没有特别技能，可谓是"科盲"，只有少部分劳动力掌握了工业、建筑业和服务业的技能。我国受过职业技术教育和培训的农村劳动力占全部劳动力的比重较低，与发达国家有很大差距。

4.经营管理素质低

农村从事种植业的农民多半停留在传统耕作水平上，生产方式简单，劳动手段陈旧，经营管理粗放。他们不计劳动资料成本和劳动力投入成本，不讲投入产出效益，不会合理配置劳动资源，调整生产结构，无法预测市场变化。从事乡镇企业、交通运输、商业服务等第二、第三产业的农民，尽管其经营管理素质优于种植业的农民，但绝大多数人的经营管理并非自觉的意识的行为，仍是一种凭直觉经验的带有相当程度盲目性行为。

（二）农村劳动力素质现状成因

1.观念较落后

长期以来制约着我国农村人口文化素质偏低的，除了经济落后、教育经费不足、教育落后等客观原因外，更重要的是人的主观的因素，即观念上的落后，在农村地区，目前大部分地区仍然保留了传统的民风习俗，特别是在贫困地区，虽然民风相当纯朴，人们经常是夜不闭户，但是由于其教育条件差，农民本身受教育程度不高，没有奋斗的目标或眼光短浅，还处在小富即安的状态，部分农民宗族观念、家长观念盛行，自给自足的小农思想相当严重，并且过分强调客观条件的不足，缺乏主观的追求。尤其在眼前经济利益的驱动下，农村中多数人未真正摆正读书与挣钱的位置，没有树立起以教育提高劳动力素质、以高素质形成再就业竞争力的观念。主要表现在：一是认为多读书不划算；二是不读书照样能挣钱。

2.体制不适应

对于文化科技在农业生产中的重要性，农民已有一定认识，对提高自身素质也有迫切要求。但是目前的农村教育体系和农业科技的供求现状却使农民无法有效提高自身科技素质，难以完成自身人力资本的积累。从整个农村教育体系来看，农村"三教"（即基础教育、职业教育和成人教育）分割或残缺，农村教育脱离实际，使得农民素质不能适应农村经济发展的需要。我国的农村教育体系基本上是按照城市的教育体系建立起来的，农村基础教育与城市基础教育没有任何区别，从学生的学习目的到学校的培养目标都是一样的，并不是为了培养农民、提高农民的科技素质，而是为了高考应试。与农民直接相关的农村职业教育也脱离农村实际，"升学无希望，打工无出路，回乡无技术，致富无门路"是学生普遍面临的困境。真正能为农村服务的成人教育又面临诸多问题而处于瘫痪或半瘫痪状态。

3.管理不完善

整个中国的农村教育系统，过去都是由教育部门条条管理，农村县镇（乡）村需要农技、农业产品加工及经营管理初级专门人才，需要数以亿计的高素质的农民，但不能按农村的这些需求去改革农村教育管理体制、结构、课程、内容与方法，以提高农民及其子女的农业科学技术和生产经营素质，这不仅制约农业现代化，也阻碍农民向城镇第二、第三产业转移以及海外劳务输出。

4.劳动力转移

改革开放以来，城乡劳动就业方式发生巨大改变，劳动力输出不断增加，一部分文化素质相对较高的劳动力逐步转移到城市或其他行业，农村优质劳动力资源外流现象严重，导致了农村务农劳动力整体素质的进一步下降。劳动力的转移缓解了农村劳动力就业的压力，但同时也带来了新的问题，在农村的留守大军中，女性和老龄人口成为农业生产的主体，沉淀下来的劳动力文化素质更低，结构更不合理。

二、农村劳动力开发所面临的问题和解决办法

目前农村地区在大量劳务输出的同时，投入农业生产的劳动力严重不足、并相对弱化，存在相对剩余和绝对短缺的矛盾现象。因而要正确处理以下五大问题来解决这样的矛盾，避免可能出现的农村劳动力盲目转移和"无地可种、无人愿

种、无人会种、无人种好"的局面。

（一）如何合理转移配置农村劳动力资源的问题

科学合理转移、配置农村劳动力资源是解决农村人地矛盾和相对剩余与绝对短缺的矛盾的决定因素。而在劳动力合理转移的同时如何保证农业有人愿种、有人会种，是当前面临的最大问题，所以，既要解决好转移的问题，也要解决好农业劳动力的问题。因此，开发农村劳动力资源，在总结和借鉴国内外和以往农村劳动力资源开发管理的经验时，以最大限度盘活农村劳动力资源为目的，强化落实各方面的政策，我们应该：一是由政府负总责，运筹帷幄，统一规划，统一投入，深入基层调查研究，摸清农村劳动力资源状况，提出有效的措施和科学制定农村劳动力资源长期开发规划和持久政策，探索农村劳动力资源持续、深入开发和管理的新方式、新途径而建立的长效激励机制。二是加快城乡一体化发展进程，缩小城乡收入差距，不断完善小城镇规划建设，分类指导，突出特色，扩大就业需求，引导农村劳动力就近、就地优先择业。三是沿着"扩大两种需求加强一个产业"的思路，利用当地优势大力发展农村特色服务业，做到农业生产经营和挣钱两不误，以解决部分地区农村劳动力过多转移带来的遗留问题，也解决农业劳动力缺乏的现象。

（二）如何科学合理转移农村劳动力的问题

目前，农村劳动力转移的盲目性和随意性非常严重，导致劳动力转移的地域分布、行业分布、年龄分布、性别分布不均衡，所以如何合理转移和就近、就地转移是我们需要解决的问题。

1.以统筹城乡为导向，合理转移农村劳动力

统筹城乡一体化发展，有利于进一步加快城市化进程，创造出更多就业机会，为农村劳动力合理转移提供可供选择的有利条件和广阔空间。城乡统筹发展能够强化县域经济实力，推动县区经济产业的提档升级，带动传统农业生产经营经济效益的提高。加快农村小城镇建设，从根本上解决农村剩余劳动力的就业问题。

2.以政策制度为保障，安全转移农村劳动力

当前要从用人标准、子女教育、养老保障、失业救济、计生管理、综合治理、权益维护等方面完善相关制度，从制度上、行为上为外出务工人员提供相应的保障，使在外务人员能享受与当地人员同等的社会待遇，让农村劳动力安全转移、安心转移。

3.加强工作技能培训，有效转移农村劳动力

有必要在农村建立适应农民需求的专业服务体系和网络，根据不同层次农民的具体需求，就地着重进行公益性文化和技能培训，让农村劳动力在提高自身素

质的同时，掌握必要的工作技能，能够顺利适应未来转移后的生活和工作要求，提高转移效率和效益。

（三）如何保障农业生产发展的问题

由于人地矛盾突出，农村基础设施落后，农村环境差，很多人不愿意留在农村，使农村大量土地荒芜，农业生产受到严重阻碍。因此，保障农业生产是前提，确保农业可持续发展是目标，我们必须要从以下几个方面着手：

1.关注农业生产，保护农村劳动力利益

农村劳动力最关心的是农产品收益，只要产品收益好了，自然留在农村的人就多了；产品收益差了，没人种地，农业也就垮了。有谁愿意背井离乡，到异乡挨饥受饿？所以重要的是保证农产品销售和收益良好。

2.关心农村民生，确保生产顺利进行

在保障了农业生产的顺利进行的前提下，就必须要关心农村劳动力所处的生活条件和品质。一是在城市化过程中，政府部门宏观决策应该继续多渠道减轻农村负担，继续关心农村劳动力的生活条件改善和生活品质提升问题。二是继续关注农村养老、医疗卫生制度改革，为广大农村劳动力建立医疗卫生保障体系，解决其后顾之忧。三是继续深化教育制度改革，加大教育投入，保障农村劳动力的子女上学问题。四是优化农村环境，改善农村基础设施建设，保障农业生产顺利进行，确保农民在国民经济中的基础地位不动摇。

第三节　科技管理

一、农业科学技术管理概述

农业科学技术是农业科学与农业技术的总称。农业科学是建立在农业生产经营实践和实验的基础上并加以严密论证的，有关农业自然生产与经济再生产过程的本质特征和运动规律的知识体系。农业技术是指人们在生产经营活动的实践中，在科学原理的指导下总结、积累、发展而成的操作方法、技能和技巧。农业科学和农业技术既有区别又有紧密的联系。农业科学着重于认知，农业技术着重于应用。农业技术是农业科学产生和发展的重要基础，农业科学是农业技术进步的基本前提。

农业科学技术管理是指对农业科学技术的研究、实验、开发、推广、技术方案的实施、技术经济效果以及技术教育和培训等一系列工作的管理。

（一）现代农业科技发展的任务

科学技术是第一生产力，现代农业科技是现代农业发展的强大动力。21世纪我国农业科技发展的主要任务是：为农产品增产特别是粮食安全提供可靠的技术保障；为调整农业和农村经济结构、提高农业整体效益、增加农民收入提供强有力的技术支撑；为生态环境建设提供全面的技术服务；为提高我国农业国际竞争力提供坚实的技术基础。

（二）现代农业科技发展的重点

（1）实施作物良种科技行动，促进种植业结构调整，以优质、高产作物新品种选育及其产业化为重点，加快种植业结构战略性调整；开发节本增效技术，发展优质高产、高效种植业，促进种植业生产和产品标准化、布局区域化、经营产业化。

（2）实施优质高效畜牧、水产科技行动，加速养殖业规模化、产业化、标准化进程，开展畜牧水产优良品种选育、饲料开发、生产设施设备研制、疫病综合防治等技术研究，加快畜牧、水产业的专业化、规模化生产；建立健全畜禽、水产品质量检测体系，推动畜牧水产业全面发展，大力开拓国际市场。

（3）实施农产品加工科技行动，培育新的农村经济增长点，增加农民收入，加速农产品加工业科技进步，推动加工原料基地建设，实现生产规模化、技术装备现代化，大幅度提高资源综合利用率和农产品附加值。培育区域性支柱产业，继续建设好星火技术密集区，带动农业产业升级。

（4）充分利用生物的遗传潜力，重视资源与环境问题研究，开发天然林保护与恢复、水土保持、退耕还林（还草）和节水灌溉技术和设备，为改善生态环境，实现农业可持续发展提供技术支撑。

（5）实施农业高新技术研究与产业化科技行动，推进传统农业技术的改造，提高农业科技整体水平。以生物技术、信息技术为重点，加强农业高新技术研究与开发，培育一批具有自主知识产权的农业科技企业，带动农业产业升级，大幅度提高我国农业国际竞争力。

（6）实施农业区域发展科技行动，开发区域优势产业和发展特色农业，加快西部地区农业结构的调整，应用先进科技推进优势资源的合理开发和深度加工，促进农村经济的稳定发展；建立具有西部特色的农业科技产业示范基地和区域性支柱产业，带动西部经济发展。

（7）实施农业科技能力建设行动，增强我国农业科技的实力和后劲。通过国家基础性重大项目计划、攀登计划、国家自然科学基金等多种途径，切实加强农业基础研究和基础性工作，不断提高我国农业科技的自主创新能力。

（8）实施人才培养科技行动，增加人力资本，加速造就一支由学术带头人、农业技术推广人才、农业科技企业家、高素质农民和农业科技管理人才共同组成的农业科技队伍。

（三）农业科学技术管理的内容

1.农业科学技术管理的主要特征

（1）与生产实践联系的紧密性。科学技术管理工作必须从生产实践出发，一切科技成果来源于生产实践，反过来又要为生产实践服务。

（2）超前性。科学技术要走在生产发展的前面，为未来的生产发展开拓道路，这就决定了科学技术管理必须具有超前性。

（3）长远性和预见性。科学技术的研究与开发周期较长，而科技发展速度又较快。因此，在管理上要有长远的观点和预见性，正确把握农业科学技术发展的趋势，以实现农业科学技术的不断进步。

（4）技术先进性与经济合理性的结合。在农业技术管理中一定要使科学技术的先进性与经济上的合理性有效结合起来，使科学技术产生最大的经济效益、社会效益和生态效益。否则，任何先进的科学技术都难以推广应用。

（5）农业科学技术管理必须符合国家发展科学技术方针、政策及具体规定。

2.农业科学技术管理的内容

（1）农业科学技术研究的管理，包括研究机构、实验室、实验场地设置、研究项目、研究手段以及研究人员的管理。

（2）新技术及新产品的开发管理，包括技术开发、规划的制订、技术方案的选择、技术引进、技术经济评价及推广应用等。

（3）技术改造及设备更新的管理。

（4）科学技术信息、档案资料及技术标准的管理。

（5）建立与完善技术岗位责任制、技术考核和技术奖惩制度等。

（6）开展农业科学技术教育和人员培训，不断提高劳动者科学技术水平。

二、农业科学技术创新

农业的发展，最终要依靠农业科技的进步与创新。农业科技创新是一个农业科学技术知识的创造、流通和应用的过程。只有构建起完善的农业科技创新体系，才能有农业科技理论与知识、农业新技术的不断创新，才能加快农业技术进步的步伐。

（一）农业科技创新的主要任务及方向

农业科技创新的主要任务是：加快农业发展中关键技术的创新和推广应用。

加强信息技术、生物技术和传统农业技术的结合，研究开发一大批关键技术，特别是在优良品种培育和旱作节水农业两大领域集中力量尽快实现新的突破，为新阶段农业发展和实现农业现代化提供强有力的科技支撑。

农业科技创新要把握好以下方向：有利于促进科技与经济的紧密结合；有利于促进农业科技产业的发展；有利于科技持续创新能力的提高；有利于提高农业科技人员的整体素质。

（二）加快农业科技创新体系建设的途径

加速我国农业科技创新体系的建设应从创新机构、创新基地、创新机制、创新资源和创新环境5个方面入手。

1.创新机构

创新机构是创新活动的行为主体，主要组成单位是农业企业、科研机构和高等院校、教育培训机构、中介机构等。为了实现创新目标，应改革农业科研机构的布局，实行分类管理。对部分公益型的科研院所实行事业单位企业化管理；多数科研院所应面向市场，放开搞活，使之逐步转变为科技型企业或中介机构。强化农业教育的改革与发展，加强重点学科建设，加快系统内外的联合与共建。积极推动科研院所和高等院校以不同形式进入企业，以及重大工程项目或与企业合作、共建；企业及重大工程项目要通过引进、消化、吸收，加强技术开发和技术改造，研究开发新技术、新产品，特别是高新技术产品，使企业尽快成为科研开发和投入的主体；提高企业的技术创新能力，真正实现农科教、产学研一体化。

2.创新基地

（1）扶持一批科技先导型农业企业，作为技术创新基地。

（2）在深化科研院所改革的基础上，本着少而精的原则，逐步建立一批国家级或区域性研究中心，作为知识创新基地。

（3）加强国家级、省部级重点实验室的建设。

（4）加强国家级、省部级工程中心的建设，推进农业产业技术进步。对现有国家级工程中心，加强指导，强化管理，提高技术创新能力。

5.加强重点学科建设。

6.加强科技示范基地的建设。

7.创建高新科技园区。采用设施农业和生物技术等现代科学技术，在经济发达地区与地方联合共建高新科技园区。

8.建设科技信息网络。以国家级农业科技主管机构和科研院所为中心，与农业高等院校、各省（自治区、直辖市）农业科技主管部门、科研院所、推广中心、质检站、各类基地实行联网；建设农业科技管理数据库。

（3）创新机制改革。科技管理体制，建立与国际接轨并有我国特色的"开放、流动、合作、竞争"的高效运行机制和现代科研院所管理制度。

（1）在人事方面引入公平竞争机制，实行全员聘用制，同时应积极创造条件建立"科研人员聘任年限制度"和"科研院所研究理事会制度"，实行首席专家负责制。

（2）在分配上引入激励机制，院所长逐步实行年薪制，科技人员的报酬与业绩挂钩。对做出突出贡献的科技人员实行重奖制度和知识产权保护制度。

（3）在科研项目、课题及承担单位的选择方面，引入公开、公正的运作机制，采取资格认定招标竞争方式。

（4）在成果转让方面引入科学的评价监督机制，对科研机构、科研人员和科技成果进行科学评价，以利于科研成果按照市场经济供需直接见面或通过中介组织实行有偿转让。

4创新资源

创新资源是创新活动的基础条件，包括人才、资金、自然资源和信息资源等。我国农业科技人才数量不足，质量不高，且分散、流失现象严重。因此，必须抓紧分层次培养各类科技人才，特别是要重点培养有知识、懂经营、会管理的复合型科技人才和学术技术带头人。在资金投入上，应以市场配置为基础，改革现行的单一投入体制，建立以国家投入为主的多元化科技投入体制，同时要引导企业和金融机构增加对农业科技的投入。提高资源利用效益是科技创新活动的根本目的，我国生态环境恶化的趋势是农业科技创新要着力解决的核心问题。农业本身经济实力差，产业不发达，因此应将科技产业化作为科技创新的突破口，不断增强总体实力。

5.创新环境

创新环境包括法律、法规、政策、体制、市场和服务等内容，是创新活动的重要保障因素。加强农业科技在软环境方面的建设，应从以下3个方面着手。

（1）从法律、法规、政策等方面使科技活动不断向企业化、产业化、商品化方向转移，除基础研究和公益性研究外，其余研究活动应实现产业化和商品化，取得社会财富。

（2）在发挥好政府宏观调控作用的同时，强化市场牵引、调节的作用，增强市场竞争，使科技活动尽快进入市场。

（3）从管理制度上加大学科结构、人才结构等调整的力度，加强科技人员的绩效考核，辅之以公正、公平的评审、验收和奖惩制度。

另外，科学技术的国际化、全球性趋势已日益明显，我国农业科技创新必须站在国际化的高度来构想。争取在重点科研项目上参与国际大型联合研究计划。

要利用拥有的科研院所进出口自主权，发展与有关国家的技术贸易，把我国新产品、新技术打入国际市场，增强国际竞争力。

三、农业技术推广的管理

（一）农业技术推广管理的概念与任务

农业技术推广是指将农业适用技术，通过试验、示范、宣传和培训等方法向农业生产转移和扩散。它是把农业科学技术这个潜在的生产力转变为现实生产力的重要手段。农业技术推广是联系农业科学技术研究与农业生产实践的桥梁。只有大力开展农业技术推广，才能使农业科学技术由潜在的生产力转化为现实生产力。同时，也只有搞好农业技术推广工作才能及时反馈农业科技成果在农业生产实践中应用的信息，从而更好地推动农业科学技术的研究与开发。

农业技术的推广管理，是指在一定科学理论指导下，进行试验研究、技术推广、技术措施方案实施、技术经济效果分析评价等全部管理工作。

当前，我国农业技术推广管理工作的主要问题是：农业推广资金投入不足和推广体系不够完善；农民对现代农业高新技术接纳能力差，基层推广人员素质不高；加入WTO后，农业产量与品质、农民增产和增收的矛盾更为突出；技术市场和科技企业发展缓慢。因此，为了加快农业的发展，提高我国农业科技成果转化率，必须改善和加强农业技术推广管理工作。

现阶段，我国农业技术推广管理的主要任务：

（1）围绕农业生产和农村经济发展的技术需求特点，以及提高农产品在国际、国内市场竞争力的技术需求，加大农业技术推广和产业化过程，有效地服务于农业结构调整和农业增长方式转变。

（2）解决在产量与品质，增产与增收矛盾中的技术服务问题，保障国民经济和农业生产持续、稳定、健康发展。

（3）在农业推广方式上，从单纯技术服务与行政手段推广逐步向技术服务与农村教育结合的方式过渡，并且从产中服务为主逐步向产前和产后服务领域延伸。

（4）在体系建设上，改革运行机制。促进推广人员知识更新和专业技能提高。

（5）在强化政府行为基础上，继续发挥科研、教学部门作用，并鼓励技术市场发展和科技企业等积极参与，建立一个多元化的技术推广体系。

（6）建立一批稳定的农业技术推广示范基地，进行重点农业技术成果转化和辐射带动。

（二）农业技术推广的程序

（1）选定推广项目。推广项目的来源主要有4个方面：科研成果、引进技术、农民生产经验和推广部门的技术改造项目。科研成果是指本地区农业科研部门提供的项目。引进技术是指从其他国家和本国其他地区农业科研部门引入的科研成果。农民生产经验是指当地农民在生产实践中摸索出来的先进生产方法。推广部门的技术改造项目是推广人员在推广过程中对所推广技术进一步改进完善后的研究成果。在上述四个项目来源中，后两个是主要的。选择推广项目要对有关的各种因素进行综合的分析比较，确定最适宜的科研成果作为推广项目。

（2）推广试验。也称中间试验或区域试验，是从科研到生产之间的关键环节。农技推广项目选定后，在大面积正式推广前，应进行推广试验，明确推广价值。推广试验包括新技术的引进试验、良种区域实验、计划配套实验。

（3）示范。是指推广工作者在田地里直接教农民如何使用推广项目的一整套操作方法，其主要任务是选择示范田和示范户，使新技术迅速有效地在本地扩散开来。一旦选定了示范田和示范户，推广者应经常与示范户农民保持密切联系，向他们传授有关的操作方法，提供有效的信息和必要的物质手段。

（4）推广。在示范的基础上，证明该项技术在该地区的推广价值后，即可进行大面积推广。

（5）反馈和改进研究。试验、示范和推广过程是科技成果的检验过程，在该过程中发现的问题，应及时反馈给科研部门，以便做出解释或进行深入研究。

（三）农业技术推广的管理措施

（1）加强政策法规建设，保证农技推广事业健康发展

1993年通过的《中华人民共和国农业法》和《中华人民共和国农业技术推广法》是指导我国农业推广的最基本法律，对稳定农技推广机构、健全农技推广体系起着至关重要的作用。还需要制订实施加强农业科技产业发展的系列规定，并与相关的法律、法规体系相配套，逐步使农业科技产业化发展纳入法制化轨道。

（2）加强政府财政支持力度，增加农技推广资金投入

政府对"丰收计划"等国家重大推广计划项目应继续组织实施并加大支持力度，使各类项目的资助强力有明显提高；建立农业技术推广专项基金，并能逐步制度化地增加财政支农资金用于农技推广的份额；多渠道筹集资金，包括利用信贷资金扶持农技推广、涉农企业赞助等社会集资及农业部门经营收入提成用于农技推广等。

（3）加强推广体系建设，更新观念和鼓励创新

农技推广体系具有不可替代的社会公益性职能，是实施科教兴农战略的主要载体，是新阶段推动农业和农村经济结构战略性调整的依靠力量。由政府建立一支履行公益职能的农技推广队伍，不但是我国农业和农村经济发展的客观需要，

也是绝大多数国家农业发展的共同经验。现行的农业技术推广工作必须更新观念和进行机制创新，按照市场经济发展要求，把服务领域由产中分别向产前、产后延伸，由单项服务向综合服务延伸，利用技术和信息引导农民进入市场，参与并促进农业产业化经营。

（4）加强科学普及和宣传力度。利用多种方式加快人才培训

充分发挥农业广播学校作用，深入农村对农民进行科普宣传；组织技术推广示范基地之间的相互观摩、交流；组织开办农民科技企业家培训班和不同层次的农业专业技术人才培训班；利用高等农业院校和中等农业学校的定向招生方式，培养一批基层技术推广人才，造就一批既有理论水平，又有实践经验的高级农业推广专家。

（5）发展和引导农业技术市场，规范农业技术推广市场行为

加强农业技术市场建设，促进农业技术转让，为农业科研机构、大专院校及民营科技企业的成果转化及市场化提供便利条件和措施保障；通过各种途径发布农业技术成果、专利等技术转让信息，密切技术供需双方的关系。促进农业技术贸易；鼓励农业生产资料及农产品购销企业积极参与农业技术推广和宣传教育活动，并且通过法规、管理办法等规范其行为，杜绝坑农害农现象的出现。

第四节　资金管理

一、农业资金的概念与分类

（一）农业资金的概念与特征

农业资金是商品货币经济条件下，农业生产和流通过程中所占用的物质资料和劳动力的价值形式和货币表现，也是市场经济条件下，农业生产单位获取各种生产要素的不可缺少的重要手段。

农业资金除了具有资金的一般特征外，还包括以下特殊性。

（1）农业资金的低收益性

农业作为一个传统产业部门，在现代经济中处于相对劣势的地位，对农业一般项目的投资回报水平往往会低于工业或其他产业，而且由于农业生产与自然条件的紧密联系，使得农业资金的投资周期较长，并且承担比其他产业项目更多的自然风险。

（2）农业资金效益的外部性

农业生产不仅创造农业产品，而且附带较大的生态效益和社会效益。因此农

业资金投入的收益就产生了外部性。在完全市场条件下，外部性会使得农业资金的私人投入量小于社会最优水平。

（3）农业资金的政策性

在发达国家的经济体系中，农业是受保护和支持的产业。在市场经济条件下，政府往往通过农业资金来干预农业主体的行为，以各种农业补贴、公共投资、公共服务等形式来达到国家农业发展的目的。因此，国家在农业计划中，农业资金往往和一定的农业政策联系在一起。

（二）农业资金的分类

农业资金按不同的标准可以进行如下分类。

（1）按资金的来源，可分为生产单位的自有资金和借入资金。自有资金是指生产单位自身所有，不需归还别人的资金。借入资金是指生产单位用各种方式取得的必须到期归还他人的资金。

（2）按资金在生产过程中所处的阶段，可分为生产领域的资金和流通流域的资金。

（3）按资金的价值转移方式，可分为固定资金和流动资金。前者是指房屋、农业设备、果树林木等劳动对象，其特点是可以在生产中多次参加生产，才能将其本身的价值完全转移到新的产品中去。后者是指种子、饲料、化肥、各种原材料等劳动对象，其特点是参加一次生产后就要被消耗掉，其价值完全转移到新的产品中。

不同类型的资金在使用和管理上有不同的要求，在经济管理中必须十分注意。

二、农业资金的来源

根据我国的情况，农业资金的来源主要有以下几个方面。

（1）农户自有资金的投入

我国农村实行家庭承包经营制度以来，农业生产资金的来源主要依靠农户自身的投入，而农户自身的投入主要取决于农民的收入。为了保证这部分资金来源的增加，应当从多方面促进农户增加收入的同时，引导农民正确处理发展生产和改善生活的关系，将每年收入的增长部分，较多的用于增加生产投入。

（2）财政资金的投入

农业财政资金是政府为农业发展而预算的各项农业支出，包括农业科研推广、农业基础设施、农业公共服务等公共支出以及为支持和调控农业而发放的各种农业补贴。农业财政资金的使用一般是无偿的，直接由政府财政预算并拨付。政府财政每年对农业的支持，自新中国成立后一直有所增加，改革开放以后因农村收入增长和农民自身的资金投入增加，国家对农业的财政支持增长不多，但仍是农业资金的一个重要来源。

（3）信贷资金的投入

农业信贷资金是金融机构或个人给农业生产者融资所形成的各种农业贷款。这里的农业信贷资金的供给主体主要包括商业性金融机构（如中国农业银行）、政策性金融机构（如中国农业发展银行）、合作性金融机构（如农村信用合作社）、外资金融机构等正规金融组织以及非正式的民间金融组织和个体信贷供给者。农业信贷资金可以是用于公共投资领域，也可以是用于农业私人投资领域。

（4）企业或其他经济组织的投入

乡镇企业、农村集体经济组织、农业合作组织等也是农业资金的重要来源。我国乡镇企业的发展曾对农业生产的发展产生过积极的作用，但近些年由于其效益的下降，使得支农资金的绝对值有些偏低。另外，我国目前大部分农村集体经济的实力不强，原来集体拥有的一些企业许多承包给了私人，因此，集体供资能力也十分有限。

（5）国外资金的投入

随着经济开放和资本的国际流动，来自国外的资本成为农业资金的一个新来源。国外农业资金一是来自国际经济组织的资金；二是来自政府间的援助或农业项目投资；三是国外的金融机构、公司或个人进行的农业投资。农业中外资利用主要有贷款、援助和外商直接投资等3种形式。20世纪90年代以来，我国农业外资利用的总量总体趋势是上升的。

三、我国农业资金使用中存在的问题

从我国各地区的农业资金使用情况来看，主要存在以下问题。

（1）农业资金投入总量不足。历史上我国农业投入长期严重不足。近年来虽然有较快增长，但按照农业现代化建设需要，总量仍然不足。

（2）农业资金投入结构还不合理。生产经营性项目上得多，基础性设施投入少，资金运作效果欠佳，政府还没有从竞争性投资领域完全退出。

（3）项目安排上"撒胡椒面"现象较为突出。顾及方方面面的利益，大项目少，小项目多，农业资金的整体效益得不到应有的发挥。

（4）缺乏统筹协调。一方面是一些重大项目需要集中投资时，由于部门之间各自为战，使有限的资金难以捆绑集中使用；另一方面是对一些经营性项目还存在重复投入的现象。

（5）重项目轻管理。支农资金监督检查力度不够，挤占、挪用现象仍有发生。

（6）农村金融体制不合理，农业资金大量流失。四大国有商业银行普遍存在

着重吸储轻放贷、金融网点从农村撤退的现象；在农村金融体系中处于基础地位的农村合作社还没有转变成为国际上通行的合作金融组织。这使得农村资金大量流向城市，民营中小企业和农民个人贷款十分困难。

四、农业财政资金的管理

（一）农业财政资金投入的原则

（1）效率原则。这是指财政部门对农业财政资金支出进行有效配置，使既定的资金产生最大的产出或效益。这一原则要求政府合理使用总量稀缺的国家资金，不但农业财政支出本身讲求经济效率，而且要保证良好的社会效果和生态效果，达到社会资源的有效配置。

（2）公平原则。这是指政府在农业财政资金的投向和数量上应做到统筹兼顾，协调好发达地区和欠发达地区的利益。需要指出的是，公平原则并不是要求对财政资金进行平均分配，而是要运用财政资金对市场机制所造成的地域或人群上的不公平状况进行矫正，以实现真正的公平。

（3）稳定原则。这包括两层含义，一是农业财政资金投入本身要根据农业发展的要求保持一个稳定的增长率；二是要求农业财政资金成为农业经济波动的稳定器。

（4）持续原则。一方面要求农业财政资金投入要保证农业的可持续发展；另一方面还要求农业财政支出的可持续。

另外，在 WTO 的框架下，政府各种农业财政资金的支出还必须遵守 WTO 农业协议的有关规则和国际惯例。

（二）农业财政资金管理的措施

农业财政资金管理的主要任务是切实重视和加强财政资金对农业的投入。主要措施如下

（1）各级政府应高度重视农业投入问题。认真贯彻《中华人民共和国农业法》和各地制定的有关农业投资的地方性法规，确保支农资金增长幅度高于本级财政经常性收入增长幅度，努力增加政府财政支农资金投入总量，形成支农资金的稳定投入渠道。

（2）统一规划、明确分工、统筹安排。加强支农资金项目管理，整合现有各项支农投资，集中财力，突出重点，提高资金使用效率。

（3）严格财政监督，确保农业资金按时足额到位。一是加强专项资金跟踪管理和信息反馈；二是严格项目合同管理制度，明确有关部门和项目管理单位的权利、义务和责任。

（4）用好经济杠杆。积极运用税收、贴息、补助等多种经济手段，鼓励和引导各种社会资本投向农业和农村。

五、农业企业资金的管理

农业企业对其占有的农业资金管理的主要任务是努力提高其使用的经济效益。要提高农业资金使用中的经济效益，最主要的办法就是提高其资金的周转速度，使一定的资金能够在一年内多次在生产上发挥作用。具体措施如下。

（一）加快固定资金的周转

（1）防止增置不必要的固定资产。购置固定资产要注意从实际出发，权衡轻重缓急，把资金使用在能取得经济效益最大的项目上。还要使购置的设备与企业的生产规模相适应，使各项固定资产互相配套完整，并且注意设备的通用性和适应性。

（2）尽可能提高固定资产的利用率。农业生产具有明显的季节性，农业中固定资产的利用率一般都要受生长季节的限制。因此，提高农业中固定资产的利用率，对加速固定资产的周转特别重要。

（3）合理安排生产性固定资产同非生产性固定资产的比例关系。

（二）加快流动资金的周转

（1）尽可能缩短生产周期。在种植业上尽可能采用和选育生产周期短的优良品种；在林业上采用速生树种和快速育林技术；在畜牧业上尽量缩短牲畜的育肥期；在农产品加工业上，尽可能改善经营管理，改进劳动组织和生产工艺。

（2）合理储备。要合理的规定各种原材料的储备定额，要及时清仓挖潜，充分利用现有的流动资金。

（3）要节约生产过程中的种子、化肥、农药和其他原材料的消耗。

（4）要合理确定农业生产结构。专业化生产和多部门经营应互相配合，使收支在全年均衡分布，使流动资金周转加速。

（5）防止任意占用和挪用流动资金去进行基本建设或作其他用途。

（6）根据市场需要，生产适销对路的产品并加强产品的推销，以尽可能缩短产品的流通时间。

六、改革和创新农村金融体制

改革和创新农村金融体制的主要措施有。

（1）建立金融机构对农村社区服务的机制，明确县域内各金融机构为"三农"服务的义务。

（2）进一步完善邮政储蓄的有关政策，加大农村信用社改革的力度，缓解农村资金外流。

（3）农业银行等商业银行应创新金融产品和服务方式，拓宽信贷资金支农渠道。

（4）农业发展银行等政策性银行应调整职能，合理分工，扩大对农业、农村的服务范围。

（5）继续扩大农户小额信用贷款和农户联保贷款。

（6）鼓励有条件的地方，在严格监管、有效防范金融风险的前提下，通过吸引社会资本和外资，积极兴办直接为"三农"服务的多种所有制的金融组织。

（7）针对农户和农村中小企业的实际情况，研究多种担保办法，探索实行动产抵押、仓单质押、权益质押等担保形式；鼓励政府出资的各类信用担保机构和商业性担保机构积极开展农村担保业务。

（8）推进政策性农业保险制度的完善，扩大覆盖范围。

第四章　农业产业结构与布局

第一节　农村产业结构

一、农村产业结构的概念

产业结构一般是指一个国家或地区社会分工体系中各种产业之间的分类组合状况和各部门之间的比例关系和相互联系。

农村产业结构是指一定时期农村地域内各个产业部门之间、各产业内部之间的比例关系与相互联系。具体地说，农村产业结构指农村中的第一产业农业（种植业、林业、牧业、渔业），第二产业的工业、建筑业，及第三产业（交通运输业、商业、饮食业、金融业、旅游业、信息业等服务业）在农村经济中的组成和比重。它通常以各业总产值或增加值的构成及劳动力在各业的分布等指标予以反映。

在我国农村产业中，非农产业产值不断增大，其中工业比重最大，这是农村经济全面发展的重要标志，也是中国工业化的重要特色。农村建筑业是农村非农产业的重要组成部分，交通运输业是农村商品化、市场化的需要，也是农民易于进入的产业，商业、饮食服务业是农村传统的行业，信息业、旅游业正在农村兴起，日益成为农村经济的必要组成部分。

1978年我国农村各业总产值中农业总产值占2/3以上，反映出当时我国农村中以农业为主的产业结构。1996年以后，随着改革开放的逐步深入、乡镇企业的快速发展，农村非农产业已占农村社会总产值的3/4，其中农村工业已成为很多地区农村的主要产业。2000年以来，随着农业产业化发展，农村工业、服务业快速发展，在农村产业结构中的比重不断上升，进入产业结构深化发展阶段。

由此可见，任何一个国家和地区的农村产业结构都不是一成不变的，不同的农村产业结构，具有不同的社会效益、经济效益和生态效益，合理的农村产业结构可实现三者的最佳结合。因此，根据社会经济技术发展的要求，不断优化农村产业结构，使农村各产业及内部各部门间保持合理的结构比例，有利于助推农村经济发展。

二、农村产业结构的特征

由于自然、经济、社会条件的不同，农村产业结构在不同时期、不同地区、不同国家都会有所不同，但从根本而言，农村产业结构呈现出如下特征。

（一）基础性

农村是由农村社会系统、农村经济系统、农村生态系统交错组成的大系统，农村产业系统则是决定其经济功能的主要子系统，它决定并反映农村经济发展水平，并在一定程度上反映一个地区甚至国家的社会经济发展状况。

（二）系统性

农村产业结构是一个系统概念，农业、农村工业、建筑业等物质生产部门及交通运输、商业、金融、信息、旅游和服务业等非物质生产部门相互依存、相互制约。农业是基础，现代农业的发展依赖于工业的发展；农业和工业的迅速发展又要依赖于为其提供产前、产中、产后服务的第三产业的进一步发展，而第三产业的发展又以第一、二产业的发展为条件，从而三者构成了相互依存、不可分割的农村产业系统。

（三）地域性

农村作为一个空间地域性的概念，其具有的各种自然资源、地理位置总是存在着地区差异性，因而各地区三次产业的发展、数量比重与结合方式总存在地区差异性，进而带来农村产业结构的地域差异。

（四）不平衡性

农村产业的发展受自然、社会等多重因素影响，又与农村经济、政治、文化条件相联系，从而导致各地区农村经济发展水平不同，也使产业结构呈现出不平衡性。

三、农村产业结构的影响因素

（一）生产力水平

生产力水平是决定农村产业结构的最主要因素。生产力水平决定社会分工和专业化程度，从而决定着农村产业的部门和层次结构。生产力水平低，农村经济落后，没有充分的分工分业，也就不可能有农村生产的专业化和社会化，因而农村产业结构必然比较简单。同时，生产力水平决定人们开发和利用自然资源的程度，随着生产力的不断提高，技术的不断进步，能够有条件充分发挥自然资源和经济资源优势，使农村产业向着专业化的商品经济发展并使其结构不断优化。如农业生产中使用机器以后，不但可以向农业生产的广度和深度进军，而且可以解放出更多农业劳动力发展农村第二、三产业。

（二）资源条件

自然资源条件和经济资源条件是形成农村产业结构的物质基础。就我国农村地区而言，各种资源的分布是不平衡的，产业结构和农业生产水平与当地的气温、雨量、光照、地形、土质等自然条件关系密切，也直接或间接地影响农村其他产业的发展。劳动力、资金、技术、交通等经济资源的优劣决定了农村对市场、信息、资金、物资等利用程度的不同，从而使农村各产业的形成和发展存在差别。如经济条件较差的偏僻山区，由于交通不便，产品运输困难，不得不选择自给自足型的农村产业结构。

（三）人口及其消费结构

人口及其消费结构是影响农村产业结构的重要因素。人既是生产者又是消费者，个人消费结构首先取决于人均收入水平，随着人均收入的增加，个人用于吃、穿、住、行的支出结构将发生变动，农村消费会由自给型向商品型转变，由雷同型向多样型转变。消费结构的这种转变，不仅影响农村产业结构的调整，还将影响整个国民经济结构的变化。

（四）国内外贸易

国内外贸易是影响农村产业结构的外在因素。在开放型的农村经济系统中，生产力发展水平和资源条件只决定有可能建立什么样的农村产业结构，而社会对产品的需求，却决定着需要建立什么样的农村产业结构。为保证农村经济系统的高效运行，获得最大的比较效益，必须根据不断变化的国内外市场需求，特别是在对国内外市场进行科学预测的基础上调整农村产业结构。

（五）经济制度、经济政策及农村经济管理水平

经济制度、经济政策及农村经济管理水平对农村产业结构的形成有重要影响。经济制度反映不同阶级的利益，如社会主义国家经济制度、经济政策的根本目的在于促进经济发展、为广大人民利益服务。同时，不同的经济政策如农产品价格、税收、信贷政策等也会影响农村产业结构；此外，农村经济管理（如经营决策、

经营计划、组织形式等）水平的高低对农村产业结构的合理程度也有较大影响。

第二节　农业产业结构

一、农业产业结构的概念

农业产业结构通常称之为农业生产结构，简称为农业结构，是指一个国家、地区或农业企业的农业产业各部门之间和各部门内部的组成及其相互之间的比例关系。它是农业资源配置中的一个基本问题，也是农业生产力诸因素如何恰当结合的基本问题，其合理与否直接影响着农业甚至整个国民经济的发展。

农业产业结构具有量和质的规定性，它不仅要从投入和产出的角度反映农业各组成部分之间在数量上的比例关系及其变化趋势，还要反映各组成部分怎样相互结合，它们在生产结构中的主从地位、依存关系、相互作用以及生产结构在内部各要素和外部环境作用下的运动规律等。

广义的农业包括农业（种植业）、林业、畜牧业和渔业，这四业的构成和比例关系是农业的基本结构，也称一级结构。农、林、牧、渔业全面、协调发展有助于充分利用农业自然资源，保持自然界生态平衡，使整个农业持续、稳定、健康发展。但是，农业结构受需求、自然条件、生产力水平等多因素影响，各业发展速度不同，所占比重也不断变化。当前我国农业产业结构逐步从以种植业为主向农林牧渔结合，推进农业供给侧结构性调整的新阶段过渡。

狭义的农业结构专指种植业结构。种植业包括粮食作物、经济作物和饲料作物的生产，其结构合理与否，对改善人民生活、促进轻工业发展有重要意义。粮食是保证人民基本生活和国家建设的最重要物质资料，在农业生产中有特别重要的地位；经济作物包括棉花、油料、糖料、麻类、烟叶、茶叶、水果、药材等，其满足轻工业原料需求和人们生活多样化的需求；畜牧业的迅速发展也使得以各类牧草为主的饲料作物种植增加。

二、农业产业结构的内容

农业产业结构所包括的产业，通常是由一个国家的农业概念所决定，但都具有多层次性。有的国家农业只包括种植业和畜牧业，有的国家还包括林业、渔业。

在农业内部又包括产品性质和生产特点不同的各种产业类别，如在农业（种植业）中包括粮食、棉花、油料、糖料、蔬菜、水果等；在林业中包括用材林、经济林、防护林、林下特产等；在畜牧业中包括养猪业、养牛业、养禽业等；渔业中包括养殖业与捕捞业等。这些产业的比例关系与结合方式，构成了农业产业的二级结构。二级产业内部又可以根据产品种类和经济用途分为若干类别，如粮食可以分为水稻、玉米、小麦等；养牛可以分为奶牛、肉牛等，依此类推，构成了农业产业的三级结构。随着产业分工的发展，农业产业有日益细化趋势，构成了农业产业的四级甚至五级结构。

多种多样的农业产业结构受一定条件的影响，随着时间、空间条件的变化，农业产业结构也要发生变化。农业产业结构量的变化可通过农业总产值或增加值结构、农业商品产值结构、土地利用结构、农业劳动力利用结构、农业资金利用结构等反映。

三、农业产业结构的形成条件

（一）生产力水平是农业产业结构形成和发展的主要条件

不同的农业产业结构是一定时期生产力水平提高到不同程度的产物。人类历史证明，生产力的发展进程决定产业结构的发展进程。农业时代，从原始农业到传统农业转变，农业与畜牧业、手工业、商业的分离，但粮食生产依然是主要的产业部门，而生产规模狭小、产量低、自给自足是其最明显的特征。工业时代，农业工业化成为最主要的产业结构特征。

（二）需求是农业产业结构形成和发展的前提条件

现实生活中存在着两种消费需求，一是生活资料消费需求，即人们为了生存、繁衍后代而产生的商品需求；二是生产资料消费需求，即工农业生产者为了保证生产的不断进行而产生的商品需求。在市场经济条件下，产品只有适应需求进入消费领域，才能成为现实产品，需求成为生产的导向与产业增长的动力，从而成为产业结构形成和发展的前提条件，需求的多样性也促进了农业产业结构的多样性。

（三）地理环境是农业产业结构形成和发展的基础条件

地理环境包括地形、地貌、气候、河流、土壤、植被等自然要素，它们相互联系、相互制约，形成一个有机整体。地理环境中资源的组成特点、时空分布及其功能在一定程度上制约和决定了各产业的内部结构和外部联系，决定了产业结构模式在地域上的差异性。

（四）劳动力是农业产业结构形成和发展的内在条件

产业结构发展的过程离不开劳动过程的三要素：劳动力、劳动对象和劳动资料。其中劳动力因素起主导作用，没有人的参与，没有劳动力素质的提高，就没有产业层次的提高。劳动力的数量和质量，对第二、第三产业的发展规模和结构有重要意义，劳动力的合理比例、劳动力利用率的提高对产业结构合理化有重要作用。

（五）资金是农业产业结构形成和发展的保障条件

产业结构的更新、完善和发展过程，实际上是各种生产要素重新组合的过程。有了一定数量的资金才能使各种生产要素增加活性，促进分工和专业化，形成新的生产力，改善产业结构。产业结构的发展规模和速度，很大程度上取决于资金的分配规律和增长速度。

（六）科学技术是农业产业结构形成和发展的动力条件

科学技术是生产力发展的源泉和动力。科学技术为提高各产业生产要素的功能和协作程度提供了依据和保证；科学技术进步加快了旧产业部门的改造和新产业部门的建立，促使产业新格局的实现。改革开放以来，中国的国民经济发展和科学技术的结合，有了很大进展，科学技术正越来越有效地转化为生产力。可以预见，科学技术作为独立的知识产业，对产业结构的介入程度越深越快，产业新格局实现得就越早。

除上述条件外，经济政策如金融政策、财政政策、价格政策、劳动政策等，对农业产业结构的形成和发展，也有着不可忽视的作用。

四、农业产业结构发展的规律性

（一）农业产业结构演变

在农业产业结构变化过程中，一般会经历如下发展阶段。

（1）结构变革起步阶段。从传统产业结构向现代产业结构转变，表现为以粮食为主的农业结构转向粮食和多种经营相结合的结构。粮食比重下降，非粮食的多种产业比重上升，专业化生产开始形成，农产品商品量和商品率上升，农民逐渐以市场为导向进行产业选择。

（2）结构改革发展阶段。农业产业结构形成了以粮食为基础、以专业化生产为主的产业结构，各国、各地区、各企业的农业产业结构已大不相同。农业产业内部的分工分业日益强化，农业已经基本商品化，市场调节着资源在各产业的配置。

（3）结构改革高级阶段。其主要标志是农业市场化条件下高效益的农业产业结构已经形成，农业专业化生产已占主导地位，优质农产品的比重大幅度上升，特别是高科技农业产业化的比重日益上升，农业的功能得到拓展，现代农业的产业结构已确立。

农业产业结构的量变积累到一定程度，会发生质的变化，或叫产业结构升级。

（二）农业结构变动的趋势

根据世界农业发展经验，农业的基本结构变动的趋势是：种植业比重下降，但其生产力水平日益提高；畜牧业比重逐渐提高，在经济发达的国家和地区一般约占农业总产值的1/2以上，有的达到2/3以上；林业日益成为农业的重要部门，森林覆盖率在发达国家约占国土面积的1/3以上，但主要以生态功能为主；渔业越来越受到重视，成为食品的重要来源。

种植业结构变动的客观趋势是：在粮食生产水平不断提高、粮食产量稳定增加的前提下，经济作物、饲料作物比重稳步上升。我国近年的农业产业结构演变基本符合这一趋势。

农业各部门之间的相互关系存在两个规律：一是农业生产的专业化与一定程度的多种经营结合在一起；二是专业化与多种经营的发展速度在很大程度上取决于粮食发展水平。通过各地区、各生产单位充分发挥各自优势形成各具特色的农业生产专业化，进而实现全国范围的多种经营全面发展；同时，在一个地区或生产单位中，通过主导产业与辅助产业的合理搭配，实现一业为主的专业化与多种经营的结合。但是，一个国家或地区能否实现农业的专业化和多产业经营，一般来说要取决于其粮食的供给能力。

（三）农业产业结构变化的影响因素

一个国家、地区、农业产业结构的形成和变化受许多因素制约。影响农业产业结构形成的因素有：自然资源，包括气候、土壤、水源、地形地貌等；经济发展水平，特别是人们对农产品的需求，包括数量和质量要求；人口的变化，包括人口总量和城乡结构等的变动；粮食的供求状况，及其对农业布局的制约情况；交通、运输、加工、商贸等因素；农业经营的体制；历史上已经形成的产业结构及其特点；农业科学技术的发展和应用情况。

以上各种因素会在不同程度上引起调整农业产业结构的要求，这些要求将通过市场供求状况、农产品价格变动等来反映，这就是农业产业结构调整的市场导向。但从长远看，农业产业结构归根结底是由社会生产力发展水平所决定，是一定社会生产力发展水平的结果。

从宏观农业产业结构演变可以看出一些规律：

（1）农业宏观产业结构变化的动力是人的社会需求和生产力的发展，特别是科学技术的进步和劳动者素质的提高。

（2）农业宏观产业结构的变化方向是产业链变长、产业之间的联结更紧密，投入更大、更科学，并且智能投入越来越多。

（3）农业宏观产业结构决定农业所处的发展阶段，决定土地的人口承载力。

五、农业产业结构调整

（一）农业产业结构调整的意义

农业产业结构的调整对于农业生产的发展和整个国民经济的发展都具有十分重要的意义。科学合理的农业产业结构调整有利于包括土地、资金、劳动力等在内的各类农业资源的合理利用；有利于农业内部各部门和项目之间的物质能量相互转化；有利于国民经济的发展对各种农产品的需求能按比例得到满足。

（二）农业产业结构调整的原则

由于各个国家、地区或企业所面临的自然、社会、经济、技术条件差异，市场供需状况不同，不可能构建一个适合于一切地区的农业生产结构模式。在进行农业生产结构调整时，应从整体上认识、评价农业生产结构的合理性。一般说来，农业产业结构调整应坚持"四统一"原则。

（1）专业生产与综合经营相统一。农业生产专业化是现代农业发展的基本趋势，农业生产结构应当适应这种趋势，逐步改变"小而全"的生产结构，重点发展最适合当地自然、经济、社会和技术条件的农业生产门类和项目，以充分发挥自身优势。然而农业自然条件具有多样性，农业生产周期长且具有季节性，由此决定了一个地区的农业生产结构不能过于单一，在重点安排专业化生产项目的同时，还要安排好适合当地的其他生产项目，实行专业化生产与综合经营相统一，使农业生产资源在空间和时间上都得以合理配置。

（2）资源的利用率与利用效率相统一。对农业生产资源的利用，不仅要从实用价值的角度考虑其利用率，还要从价值的角度考虑其利用效率。因此，在对农业生产结构进行定量考察时，既要注意考察土地、劳动力、机械、资金等生产要素的利用率，使其得到充分的利用，避免生产要素的闲置和浪费；又要重点分析劳动生产力、单位面积产量、产品成本、资金利润率等价值指标，力求使农业生产资源的利用效率最大化。

（3）经济效益与生态效益相统一。合理的农业生产结构要求建立一个高效的农业生产系统，使一定的投入获得最大的产出；同时要求建立一个良好的农业生态系统，不断改善区域内的生态环境，提高农业生态系统对物质能量的转换率和转换效率。只有将农业经济效益与生态效益统一起来，才能保持农业生产结构的良性循环。

（4）局部利益与全局利益相统一。在调整和优化农业生产结构的过程中，往往会遇到局部利益与全局利益的某些矛盾，对此，应本着统筹兼顾的原则妥善解决，尽量实现二者利益的统一。片面强调一方利益、忽视或牺牲另一方利益的农业生产结构都是不可取的。

（三）农业产业结构调整的方向与重点

新中国成立以来，我国农业一直不断在调整、发展中优化产业结构。2014年中央经济工作会议指出我国经济已进入新常态，2015年中央农村经济工作会议、2016年中央"一号文件"明确提出推进农业供给侧结构性改革，认为从中国农业发展的状况和特点看，突出的矛盾和问题在供给侧，主要表现为农产品供给未能很好地适应消费需求的变化，导致供求出现结构性失衡。因此，应着力构建现代农业产业体系、生产体系、经营体系，实施藏粮于地、藏粮于技战略，推动粮经饲统筹、农林牧渔结合、种养加一体、一二三产业融合发展，让农业成为充满希望的朝阳产业，这拉开了我国以"加快农业现代化、实现全面小康"为目标的新一轮农业产业结构调整的序幕。

1. 农产品品种结构的调整

这是农业结构调整的重要一环，实践证明，粮、棉、油等大宗传统农产品在农业经济中占有重要地位，就大范围地域看，无论农业产业结构如何调整，大宗农产品都将保持相当的比重，只有做好大宗农产品品种结构的调整，实现良种化、优质化，才能在市场竞争中具有较强的经济优势。随着人民生活水平和膳食结构的变化，应构建适应市场需求的农产品品种结构。

（1）主要粮食作物品种结构调整。守住"谷物基本自给、口粮绝对安全"的底线，重点是保口粮、保谷物。口粮重点发展水稻和小麦生产，优化玉米结构，因地制宜发展食用大豆、薯类和杂粮杂豆。具体而言，对于水稻一是实行稳种植面积与提品质并举，即巩固北方粳稻产区，稳定南方双季稻生产，扩大优质稻种植面积，促进提质增效；二是杂交稻与常规稻并重，即发挥我国杂交水稻育种技术优势，加快选育高产优质高抗杂交稻新品种，稳定杂交稻种植面积，促进单产提高、品质提升。利用现代育种技术，加快常规稻品种提纯复壮，降低用种成本，发挥常规稻品质优势，提升种植效益。对于小麦一是实行稳定冬小麦、恢复春小麦，稳定黄淮海、长江中下游等主产区冬小麦种植，建立合理轮作体系，在东北冷凉地区、内蒙古河套地区、新疆天山北部地区等，适当恢复春小麦种植；二是抓两头、带中间，"抓两头"即大力发展市场紧缺的用于加工面包的优质强筋小麦和加工饼干蛋糕的优质弱筋小麦；"带中间"即带动用于加工馒头、面条的中筋或中强筋小麦品质提升。对于玉米一是实行调减籽粒玉米，巩固提升玉米优势区，适当调减非优势区，大力推广适合籽粒机收品种，推进全程机械化生产；二是扩大青贮玉米，根据以养带种、以种促养的要求，因地制宜发展青贮玉米，提供优质饲料来源，就地过腹转化增值；三是适当发展鲜食玉米，适应居民消费升级的需要，扩大鲜食玉米种植，为居民提供营养健康的膳食纤维和果蔬。大豆方面，一是实行粮豆轮作、恢复面积，在东北地区推广玉米大豆轮作模式，在黄淮海地区推广玉米大豆轮作、麦豆一年两熟或玉米大豆间套作，适当恢复大豆种植面积；二是改善品质、提高效益，根据我国居民的饮食习惯和大豆市场供求现状，东北地区扩大优质食用大豆种植面积，稳定油用大豆种植面积，黄淮海地区以优质高蛋白食用大豆为重点，适当恢复种植面积；三是实现国产大豆与国外高油大豆的错位竞争，满足国民对健康植物蛋白的消费需求。薯类杂粮方面，一是实行扩大种植面积、优化结构，适当调减"镰刀弯"地区玉米种植面积，改种耐旱、耐瘠薄的薯类、杂粮杂豆，满足市场需求，保护生态环境；二是加工转化、提质增效，按照"营养指导消费、消费引导生产"的要求，开发薯类杂粮营养健康、药食同源的多功能性，广泛应用于主食产品开发、酿酒酿造、营养保健、精深加工等领域，推进规模种植和产销衔接，实现加工转化增值，带动农民增产增收。

（2）经济作物品种结构调整。棉花方面，一是稳定种植面积，在已有的西北内陆棉区、黄河流域棉区、长江流域棉区"三足鼎立"的格局下，提升新疆棉区，巩固沿海、沿江、沿黄环湖盐碱滩涂棉区；二是双提增效，着力提高单产、提升品质、增加效益，加快选育耐盐碱、抗性强、宜机收的高产棉花品种，集成配套棉花生产机械移栽收获等技术；三是解决棉花"三丝"等异性纤维与机收杂质、纤维长度和强度降低等品质问题，实现提质增效。油料作物方面，一是以两油为主，重点发展油菜和花生生产，稳定长江流域油菜、花生种植面积和黄淮海花生种植面积，因地制宜扩大东北农牧交错区花生种植面积；二是多油并举，因地制宜发展耐旱、耐盐碱、耐瘠薄的油葵、芝麻、胡麻等小宗油料作物，积极发展高油玉米，在适宜地区示范推广油用牡丹、油莎豆等，增加新油源；三是充分利用棉籽、米糠等原料，开发食用植物油。糖料作物方面，一是稳定种植面积，完善甘蔗价格形成机制，集成配套以机械收割等为主的节本增效技术，调动农民种植甘蔗积极性，重点是稳定广西、云南等优势产区，适当调减不具备比较优势的甘蔗产区；二是双提双增，着力提高单产、提高含糖率，增加产量、增加效益，选育高产高糖抗逆及适宜机械收割的新品种，推广甘蔗脱毒健康种苗，集成配套轻简高效栽培技术模式，提高单产与效益。蔬菜方面，一是稳定种植面积，统筹蔬菜优势产区和大中城市"菜园子"生产，巩固提升北方设施蔬菜生产，稳定蔬菜种植面积；二是保质增效，重点是推广节水环保和绿色防控等技术，建立系统完整的从田间到餐桌产品质量追溯体系，确保蔬菜产品质量安全；三是提升设施农业的防护能力，推广肥水一体和小型作业机械，因地制宜推广智能监控和"互联网+"等现代技术，实现节本增效、均衡供应；四是统筹南菜北运蔬菜基地和北方设施蔬菜生产，发展春提早、秋延后与越冬蔬菜生产；五是完善流通设施，加强产地冷链建设，着力解决蔬菜供应时空分布不均的矛盾，实现周年均衡供应。

（3）饲料作物品种结构调整。以饲草与畜牧养殖协调发展为目标调整饲料作物结构，发展生物产量高、蛋白质含量高、粗纤维含量低的苜蓿和青贮玉米，以养带种；根据养殖生产的布局和规模，因地制宜发展青贮玉米等优质饲草饲料，逐步建立粮经饲三元结构，在北方地区重点发展优质苜蓿、青贮玉米、饲用燕麦等饲草，南方地区重点发展黑麦草、三叶草、狼尾草、饲用油菜、饲用苎麻、饲用桑叶等。

（4）林产品品种结构调整。加快木本粮油产业发展，推进油茶、核桃等木本粮油高产稳产基地建设；发展林木种苗、花卉、竹藤、生物药材、木本调料等基地，推进布局区域化、栽培品种化、生产标准化、经营产业化；发展林下经济，增加生态资源和林地产出。

（5）畜禽品种结构调整。生猪生产保持稳定略增，猪肉保持基本自给，规模比重稳步提高，推行标准化屠宰和质量安全风险分级管理，实现养殖到屠宰全程可追溯；奶类、牛肉、羊肉、禽肉等草食畜产品产能和质量水平稳定增长，市场供应基本保障，推进品种改良和生产性能测定，发展规模化养殖，强化产品质量安全监管。加强奶源基地建设，提高国产乳品质量和品牌影响力。

（6）水产品品种结构调整。以保护资源和减量增收为重点，合理确定湖泊和水库等公共水域养殖规模，稳定池塘养殖，推进稻田综合种养和低洼盐碱地养殖；大力发展鲤科鱼类养殖，重视水产品质量安全与肉质、口感，通过提高品质降低对野生资源的捕捞压力；明确重点保护物种，重视水电工程、航道建设对水生生物资源的影响；区别对待中高端、大众化低端产品，延伸水产品可追溯体系，满足消费者对优质动物蛋白的需求。

2.农业内部及各部门之间的结构调整

农业各部门之间的产业结构调整，主要是在保护合理利用农业资源的前提下，按照资源的适宜性，宜农则农、宜林则林、宜牧则牧、宜渔则渔。在农业供给侧结构性调整背景下，农业产业结构调整的关键是如何促进农、林、牧、渔各业转变发展方式，实现转型升级、提升产业效益。

（1）种植业结构调整。以"两保"（保口粮、保谷物）、"三稳"（稳定棉花、食用植物油、食糖自给水平）、"两协调"（蔬菜生产与需求协调发展、饲草生产与畜牧养殖协调发展）为目标构建粮经饲协调发展的三元结构。以关联产业升级转型为契机，推进农牧结合，发展农产品加工业，扩展农业多功能，实现一二三产业融合发展，提升种植业效益；根据资源禀赋及区域差异，发展适销对路的优质品种，优化区域布局，发挥比较优势，巩固提升优势区，适当调减非优势区；推进种植业科技创新和机制创新，提升科技水平、装备保障能力，培育新型农业经营主体和新型农业服务主体，发展适度规模经营，提升集约化水平和组织化程度；坚持生态保护，推进化肥农药减量增效，建立耕地轮作制度，实现用地、养地结合，促进资源永续利用、生产生态协调发展；在保障国家粮食安全底线的前提下，保持部分短缺品种的适度进口，引导国内企业参与国际产能合作，提升我国农业国际竞争力和全球影响力。

2.林业结构调整。深入实施以生态建设为主的林业发展战略，以维护森林生态安全为主攻方向，在森林覆盖率和蓄积量的约束性指标要求下，积极开展新一轮退耕还林（还草）项目，在符合条件的25°以上坡耕地、严重沙化耕地和重要水源地15°～25°坡耕地，在农民自愿的前提下植树种草，按照适地适树的原则，发展木本粮油；开展沙漠化治理项目，通过封山育林育草、人工造林和草地建设，建设和改造坡耕地，配套相应水利水保设施，控制人为因素产生新的沙漠化现象；开展湿地保护项目，通过退耕还湿、湿地植被恢复、栖息地修复、生态补水等措施，对已垦湿地以及周边退化湿地进行治理；实施木本粮油建设工程和林业特色产业工程，发展林下经济；提供更多优质的生态产品，不断提高森林、湿地、荒漠、生物多样性等生态服务价值和公共服务能力，保障国家生态安全，增强减缓和适应气候变化能力。

3.畜牧业结构调整。统筹考虑种养规模和资源环境承载力，推进以生猪和草食畜牧业为重点的畜牧业结构调整，形成规模化生产、集约化经营为主导的产业发展格局。突出以养代种、种养结合、草畜配套，在污染严重的生猪、奶牛、肉牛养殖密集区，按照干湿分离、雨污分流、种养结合建设一批畜禽粪污原地收集储存转运、固体粪便集中堆肥、污水高效生物处理等设施和有机肥加工厂，形成植物生产、动物转化、微生物还原的生态循环系统；根据资源禀赋和环境承载能力，发展绿色清洁养殖，推进屠宰废弃物综合利用和无害化处理，实现产品安全、环境友好；完善生猪产业扶持政策和价格形成机制，推进畜牧业产业链和价值链建设，降低畜禽产品流通成本，发挥畜牧业"接二连三"作用，促进一二三产业融合发展；提升畜牧业生产能力和质量安全监管水平，充分利用"两种资源""两个市场"，调剂国内余缺，满足多元化市场需求。

4.渔业产业结构调整。以"良种化、生态化、集约化、工程化"的"四化"为目标，推进水产养殖业、捕捞业、加工业、增殖业、休闲渔业等产业发展；划定渔业水域生态保护红线，在淡水渔业区，推进水产养殖污染减排，对湖泊水库的规模化养殖配备环保网箱、养殖废水、废物收集处理设施；在海洋渔业区，配置海洋渔业资源调查船，建设人工鱼礁、海藻场、海草床等基础设施，发展深水网箱养殖；在水源涵养区，推进水生态修复，建立生态保护与补偿机制，构建科学合理的生态安全格局；加强饲料、渔药管理与养殖池塘改造，实现船网工具与资源环境友好，实现水产健康养殖；降低捕捞强度，减少捕捞产量，规范有序发展远洋渔业，完善远洋捕捞加工、流通、补给等产业链，建设海外渔业综合服务基地。

3.调整和优化农村产业结构。

即调整农村一二三产业之间的结构。从我国当前农村实际来看，存在农村产业之间互联互通性差、产加销融合程度低的问题，农业市场化发育程度处于初级阶段，农业的产前、产中、产后环节被人为地分割在城乡、工农的不同领域、地域；存在农产品加工业转型升级滞后、流通成本高的问题，当前我国农产品加工业与农业总产值比为2.2：1，远低于发达国家，存在国际竞争不断加剧，国内产业融合不充分的问题，大宗农产品普遍缺乏竞争力，进口压力不断增大，产品市场受到挤压。因此，应按"基在农业、利在农民、惠在农村"的要求，以市场需求为导向，推进全产业链与全价值链建设，构建农村一二三产业融合发展的结构。

（1）创新融合机制，激发产业融合发展动力。一是培育多元化产业融合主体，引导大中专毕业生、新型职业农民、务工经商返乡人员及各类农业服务主体兴办家庭农场、农民合作社，发展农业生产、农产品加工、流通、销售，开展休闲农业、乡村旅游等经营活动；培育农业产业化龙头企业发展农产品加工流通、电子商务、社会化服务，带动农户和农民合作社发展适度规模经营；鼓励和支持工商资本投资现代农业，促进农商联盟等新型经营模式发展。二是发展多类型产业融合方式，鼓励家庭农场、农民合作社等主体向生产性服务业、农产品加工流通和休闲农业延伸；支持企业前延后伸建设标准化原料生产基地、发展精深加工、物流配送和市场营销体系；发展农村电子商务，推广"互联网+"发展模式，借力互联网积极打造农产品、加工产品、农业休闲旅游商品及服务的网上营销平台。三是建立多形式利益联结机制，支持企业在平等互利的基础上，与农户、家庭农场、农民合作社签订购销合同、提供贷款担保、资助农户参加农业保险，打造联合品牌，实现利益共享；鼓励发展农民股份合作，探索不同区域农用地基准地价评估，为农户土地入股或流转提供依据；健全风险防范机制，规范工商资本租赁农地行为，建立土地流转、订单农业等风险保障金制度，加强土地流转、订单合同履约监督。

（2）发展农村第一产业，夯实产业融合发展基础。一是发展种养结合循环农业，推进农渔、农林复合经营，围绕适合精深加工、休闲采摘的特色农产品，形成产加销结合的产业结构；推进无公害农产品、绿色食品、有机农产品和农产品地理标志产品等优质农产品生产，建立从农田到餐桌的农产品质量安全监管体系，提高标准化生产和监管水平。二是以农产品加工业为引领，培育、推广加工专用优良品种和技术，促进农产品加工专用原料生产，提高农产品加工专用原料生产能力。三是优化农业发展设施条件，推进高标准农田建设，加强农产品仓储物流设施建设，支持农村公共设施和人居环境改善，完善休闲农业和乡村旅游的配套设施建设。

（3）发展农产品加工业，增强产业融合发展带动力。一是支持农产品产地初加工，以粮食、果蔬、茶叶等主要及特色农产品的干燥、储藏、保鲜等初加工设施建设为重点，建设粮食烘储加工中心、果蔬茶加工中心等，推进初加工全链条水平提升。二是提升农产品精深加工整体水平，培育马铃薯、薯类、杂粮、预制菜肴等多元化主食产品产业集群，加强与健康、养生、养老、旅游等产业融合对接，开发功能性及特殊人群膳食相关产品。三是推动农产品及加工副产物综合利用，开展秸秆、稻壳、米糠、麦麸、饼粕、果蔬皮渣、畜禽骨血、水产品皮骨内脏等副产物梯次加工和全值、高值利用，建立副产物综合利用技术体系，鼓励中小企业建立副产物收集、处理和运输的绿色通道，实现加工副产物的有效供应。

（4）发展农村第三产业，增强产业融合发展活力。一是发展各类专业流通服务，健全农产品产地营销体系，鼓励各类服务主体把服务网点延伸到农村社区，向全方位城乡社区服务拓展。二是积极发展电子商务等新业态新模式，推进大数据、物联网、云计算、移动互联网等新一代信息技术向农业生产、经营、加工、流通、服务领域的渗透和应用，完善农村物流、金融、仓储体系，鼓励和引导大型电商企业开展农产品电子商务业务，促进农业与互联网的深度融合。三是发展休闲农业和乡村旅游，推进农业与休闲旅游、教育文化、健康养生等深度融合，发展观光农业、体验农业、创意农业等新业态，完善大中城市周边、名胜景区周边、特色景观旅游名镇、名村周边、依山傍水逐草自然生态区、传统特色农区等的公共基础设施建设，因地制宜兴建特色农产品加工、民俗手工艺品制作和餐饮、住宿、购物、娱乐等配套服务设施，支持休闲农业产业融合。

第三节　农业生产布局

一、农业生产布局的概念

农业生产布局简称农业布局，亦称农业配置，是指农业的地域分布，是农业内部分工在地域空间上的表现形式。其主要内容包括：农业生产地区间的分工、区内农业各部门的结合形式和比例关系及具体安排、各农业区域间的经济交流和相互关系。

农业生产地区间的分工是指按各地区的自然、经济资源的不同，确定其生产的专业化方向及其规模，如农产品商品生产基地的选择及安排。区内农业各部门的结合形式和比例关系是指区内的生产组合和空间分布，包括区内有限资源的合理配置、优势产业和拳头商品的开发等。各区域间的经济交流及其相互关系是指在地区分工和生产专业化基础上的纵向及横向的交流与合作。

二、农业生产布局的理论依据

农业生产布局学从萌芽到西方国家区位理论的建立，进而到我国农业生产布局理论体系的形成与发展，经历了一个漫长的历史过程。

在古代早期人类社会，虽然农业生产的门类极为简单、生产力水平很低，人们控制自然的能力十分弱小，但已认识到农业生产要求一定的生态适宜区域。如我国2000多年前的古代名著《书·禹贡》把全国领土分为九州，按州分别记载了土壤、物候、农产、交通、田赋等，这就是当时的农业布局。

汉代司马迁在《史记·货殖列传》中，以农业自然条件为依据，把国土划分为山西、山东、江南、龙门碣石以北4个区域，继而又细分为11个小区，并分区记述了自然、社会经济条件、农业生产特点和各区农业资源的利弊及其合理利用对农业生产的影响，这种农业布局思想比早期的就更为复杂、周密。

近代在"农业生产布局学""区位论"早期思想上升为理论的过程中，做出突出贡献的是西方国家的一些地理学家、农学家和农业经济学家，他们从18世纪末以来就先后进行过农业区划与布局的研究，其中尤以德国、美国和英国学者的观点最具代表性与影响力。如19世纪末德国人恩格尔布雷许特（H.Engelbrecht）就提出并运用按农作物与禽畜及其他农林牧渔部门在地域内的优势划分农业区，后来美国的伯克尔（O.E.Baker）也对这一方法进行了实践应用，这是西方国家出现较早，也是迄今为止采用较普遍的农业区划与布局论。1926年，德国人杜能（J.H.Thunen）在其《孤立国同农业及国民经济的关系》一书中提出了按照最大利润原则配置农业的理论，后为艾烈波（F.Aereboe）、布林克曼（Th.Brinkmann）、劳尔（E.Laur）所继承，并发展成为按照农业经营制度、农业"区位"划分农业地带的学说。英国人史坦普（L.D.Stamp）于20世纪30年代提出以土地利用结构为依据、参照农业中的优势部门划分农业类型的理论，也较具国际影响力。这些农业区划与布局理论于20世纪30年代传入我国，当时就有一些地学家、农学家和农业经济学家参照此对我国农业区域进行了划分，也成为现代划分农业生产布局的主要理论依据。

三、合理的农业生产布局的意义

合理进行农业布局，有利于发挥各地优势，提高经济效益、生态效益和社会效益；有利于应用先进的技术和装备，提高农业生产区域化、专业化水平；有利于农业、工业、交通运输业和商业在关联设施的区域配置上密切配合，从而提高全社会生产力要素配置的合理性；有利于促进各地区经济的均衡发展，促进边疆和少数民族地区的经济繁荣，加强民族团结。

四、农业生产布局的影响因素

农业是自然再生产和经济再生产相结合的物质生产部门，因而农业生产布局既受到光、热、水、土等自然要素的直接影响，又受到不同经济社会发展条件下市场、区位、技术、环境等因素的间接影响。

（一）资源因素

资源因素包括气候、土壤、植被、燃料、动力、森林和水力资源等，另外还包括地理位置。农业生产的自然再生产过程，也就是农产品生长、发育和繁殖的生理过程，都受到周围的自然环境，特别是光、热、水、土等条件的制约和影响。农产品对其生产的自然环境都有一定的要求，特定地域的农业自然条件对于特定作物和动物而言，有最适宜区、适宜区、较适宜区和不适宜区之分，这决定了农业生产必须遵循农业自然资源的生态适宜性进行布局。

（二）市场因素

市场需求规模、结构差异及其变化对农业产业布局具有决定性影响。各种农产品的需求结构不同，产业区域分布要求也不同。如粮食属于刚性产品，自给比例高、耐储运，布局带流通量大，因此粮食生产布局可远离消费中心。蔬菜商品率高，收入弹性大，其消费量与人民收入水平密切相关，产品的保鲜程度对价格影响大，因此布局应尽可能接近消费中心。经济作物商品率高，主要为轻工业提供原料，必须与轻工业发展品质要求相适应才能长远发展，布局应尽可能接近加工企业。

（三）区位因素

区位因素包括交通区位和贸易区位，主要通过降低运输成本、交易成本等影响农业产业布局。交通区位对农业生产的规模和布局有明显影响，运输成本高、交通不便利的地区会使具有适宜性的农业资源在经济上变得不可行，难以使资源优势转变为商品比较优势。因此，交通区位条件的改善或靠近交通干线和交通枢纽的地区，能有效发挥区域农业自然资源优势。贸易区位是外向型农村产业布局的关键因素，经济的一体化和区域化趋势，对农产品市场及其国际贸易影响很大。作为幅员辽阔的大陆国家，我国不同地区对外空间的区位条件各不相同，其中的沿海、沿边地区具有更为有利的农产品国家贸易区位优势。

（四）技术因素

对农业生产布局产生直接影响的技术包括农业生产、储运、加工、销售等技术。现代以生物技术为核心的生产技术创新，可以突破生产布局的时空约束，农作物品种改良，加速各种抗逆品种、优质专用品种的研制与推广，可提高产品的生态适宜性，显著改变产品的生产空间分布格局；农膜、新农具、新栽培技术的应用有利于抢农时，利用全年的农作物生长期，从而扩大产业布局的范围和规模。储运、加工、销售技术的创新，有利于改善鲜活农产品的区位条件、提高农产品附加值、开拓新市场，推动农业生产布局向广度与深度拓展。

（五）环境因素

农业产业布局的形成与生态环境和政策环境密切相关。随着水土流失、土地退化、农业面临污染等一系列生态环境问题的出现，人们日益关注生产农产品的产地环境质量状况，原产地环境因素在农业生产布局的形成和市场竞争中的作用将越来越显著；政策环境主要通过营造制度环境作用于农业生产布局，在农业生产布局中忽视或夸大政府因素都是不科学的。基于此，大多数国家的政府均介入农产品国际竞争力研究，基于研究和比较不断修改和完善其政策和法律，进而通过创造有竞争力的经济环境影响农业生产布局的空间位置和规模，最终促进优势农产品区域竞争力的提高。

第四节　我国农业生产布局的调整与优化

一、中国农业生产布局体系

调整、优化农业产业布局，是今后一个时期我国农业供给侧结构性改革的重要任务之一。根据《全国主体功能区规划》《特色农产品区域布局规划（2013—2020年）》《全国种植业结构调整规划（2016—2020年）》，按照"谷物基本自给、口粮绝对安全"的要求，坚持因地制宜，宜农则农、宜牧则牧、宜林则林，逐步建立起农业生产力与资源环境承载力相匹配的农业生产新格局。据此，根据各地自然生态类型、发展基础、环境容量、结构调整潜力等因素，尤其在农业环境问题突出、资源环境压力增大的情况下，将全国农业生产布局体系划分为优化发展区、适度发展区和保护发展区。

（一）优化发展区

（1）区域及特点：区域包括东北区、黄淮海区、长江中下游区和华南区。特点是我国大宗农产品主产区，农业生产条件好、潜力大。

（2）存在问题：存在水土资源过度消耗、环境污染、农业投入品过量使用、资源循环利用程度不高等问题。

（3）调整方向：在坚持生产优先、兼顾生态、种养结合，在确保粮食等主要农产品综合生产能力稳步提高的前提下，对水土资源匹配较好的区域，壮大区域特色产业，保护好农业资源和生态环境，实现生产稳定发展、资源永续利用、生态环境友好，加快实现农业现代化。

（二）适度发展区

（1）区域及特点：区域包括西北及长城沿线区、西南区。特点是地域辽阔，自然资源丰富，农业生产特色鲜明，是我国特色农产品主产区。

（2）存在问题：生态脆弱，水土配置错位，资源性和工程性缺水严重，资源环境承载力有限，农业基础设施相对薄弱。

（3）调整方向：坚持保护与发展并重，立足资源环境禀赋，发挥优势、扬长避短，限制资源消耗大的产业规模，适度挖掘潜力、集约节约、有序利用，提高资源利用率。

（三）保护发展区

（1）区域及特点：区域包括青藏区和海洋渔业区。特点是在生态保护与建设方面具有特殊重要的战略地位，其中青藏区是我国大江大河的发源地和重要的生态安全屏障，高原特色农业资源丰富；海洋渔业区发展较快，具备发展特色农产品生态渔业的优势。

（2）存在问题：青藏区农业生产水平较低，农村经济发展相对滞后，生态脆弱；海洋渔业区存在渔业资源衰退、污染突出的问题。

（3）调整方向：坚持保护优先、限制开发，对生态脆弱的区域，划定重点生态保护红线，明确禁止类产业，适度发展生态产业和特色产业，让草原、海洋等资源得到休养生息，促进生态系统良性循环。

二、中国农业综合分区

在农业生产布局体系划分的基础上，根据三大区的农业自然资源条件、社会经济条件及农业生产特征的地域差异，结合农业生产存在的问题与未来发展需要，将三大农业区具体划为八大分区，提出了各分区农业生产布局调整的方向和重点。

（一）东北区

本区包括辽宁、吉林、黑龙江三省及内蒙古东北部大兴安岭地区，三面为大小兴安岭和千山山脉所围，是我国纬度最高的地区。

（1）自然经济条件和农业生产概况。东北区从南到北地跨暖温带、中温带和寒温带 3 个气候带，雨量充沛，年降水量 500～700mm，无霜期 80～180 天，初霜日在 9 月上、中旬，≥10℃积温 1300～3700℃，日照时数 2300～3000h，雨热同季，适宜农作物生长。松嫩平原、三江平原、辽河平原位于本区核心位置，耕地肥沃且集中连片，适宜农业机械耕作，是我国条件最好的一熟制作物种植区和商品粮生产基地。

（2）发展方向。东北区是世界三大黑土带之一，应以保护黑土地、综合利用水资源、推进农牧结合为方向，建设资源永续利用、种养产业融合、生态系统良性循环的现代粮畜产品生产基地。

（3）布局重点。在典型黑土带，综合治理水土流失，实施保护性耕作，增施有机肥，推行粮豆轮作，在黑龙江、内蒙古第四、第五积温带推行玉米大豆、小麦大豆、马铃薯大豆轮作，在黑龙江南部、吉林和辽宁东部地区推行玉米大豆轮作。到 2020 年，适宜地区深耕深松全覆盖，土壤有机质恢复提升，土壤保水保肥能力显著提高。在三江平原等水稻主产区，控制水田面积，限制地下水开采，改井灌为渠灌，到 2020 年渠灌比重提高到 50%，到 2030 年实现以渠灌为主。在农牧交错地带，积极推广农牧结合、粮草兼顾、生态循环的种养模式，推行"525 轮作"（即 5 年苜蓿、2 年玉米、5 年苜蓿），大力发展优质高产奶业和肉牛产业。适度扩大生猪、奶牛、肉牛生产规模，推动适度规模化畜禽养殖，加大动物疫病区域化管理力度，推进"免疫无疫区"建设，提高粮油、畜禽产品深加工能力。在大中城市因地制宜发展日光温室大棚等设施蔬菜，提高冬春淡季蔬菜自给率。在大小兴安岭等地区，推行小麦油菜轮作，实现用地养地相结合，逐步建立合理的轮作体系，加大森林草原保护建设力度，发挥其生态安全屏障作用，保护和改善农田生态系统。

（二）黄淮海区

本区位于秦岭—淮河线以北、长城以南的广大区域，主要包括北京、天津，河北中南部，河南、山东，安徽、江苏北部。

（1）自然经济条件和农业生产概况。全区由西向东分 3 部分，北部和西部是丘陵、山地和盆地，广泛覆盖着黄土；中部是华北大平原，东部是山东丘陵地带。属温带大陆季风气候，农业生产条件较好，土地平整，光热资源丰富。年降水量 500～800mm，≥10℃积温 4000～4500℃，无霜期 175～220 天，日照时数 2200～2800h，可以两年三熟到一年两熟，是我国冬小麦、玉米、花生和大豆的优势产区和传统棉区，是我国应季蔬菜和设施蔬菜的重要产区。

（2）发展方向。以治理地下水超采、控肥控药和废弃物资源化利用为方向，构建与资源环境承载力相适应、粮食和"菜篮子"产品稳定发展的现代农业生产体系。

（3）布局重点。在华北地下水严重超采区，因地制宜调整种植结构，适度调减地下水严重超采地区的小麦种植，改种耐旱、耐盐碱的棉花和油葵等作物，扩种马铃薯、苜蓿等耐旱作物；大力发展水肥一体化等高效节水灌溉，实行灌溉定额制度，加强灌溉用水水质管理，推行农艺节水和深耕深松、保护性耕作，到2020年地下水超采问题得到有效缓解。在淮河流域等面源污染较重地区，大力推广配方施肥、绿色防控技术，推行秸秆肥料化、饲料化利用；调整优化畜禽养殖布局，稳定生猪、肉禽和蛋禽生产规模，加强畜禽粪污处理设施建设，提高循环利用水平。在沿黄滩区因地制宜发展水产健康养殖。全面加强区域高标准农田建设，改造中低产田和盐碱地，配套完善农田林网。稳定生猪、奶牛、肉牛、肉羊养殖规模，发展净水渔业，推动京津冀现代农牧业协同发展。

（三）长江中下游地区

本区位于淮河、伏牛山以南，福州、英德、梧州一线以北，鄂西山地、雪峰山一线以东，主要包括江西、浙江、上海、江苏、安徽中南部，湖北、湖南大部。

（1）自然经济条件和农业生产特点。属我国温带与热带的过渡地带，植物种类南北兼有。属亚热带季风气候，水热资源丰富，河网密布，水系发达，是我国传统的"鱼米之乡"。年降水量800～1600mm，无霜期210～300天，≥10℃积温4500～5600℃，日照时数2000～2300h，耕作制度以一年两熟或三熟为主，大部分地区可以发展双季稻，实施一年三熟制。耕地以水田为主，占耕地总面积的60%左右。种植业以水稻、小麦、油菜、棉花等作物为主，是我国重要的粮、棉、油生产基地。

（2）发展方向。以治理农业面源污染和耕地重金属污染为方向，建立水稻、生猪、水产健康安全生产模式，确保农产品质量，巩固农产品主产区供给地位，改善农业农村环境。

（3）布局重点。稳步提升水稻综合生产能力，巩固长江流域"双低"（低芥酸、低硫甙）油菜生产，调减重金属污染区水稻种植面积，发展高效园艺产业；科学施用化肥农药，通过建设拦截坝、种植绿肥等措施，减少化肥、农药对农田和水域的污染。开发利用沿海、沿江、环湖、盐碱滩涂资源种植棉花，开发冬闲田扩种黑麦草等饲草作物。推进畜禽养殖适度规模化，在人口密集区域适当减少生猪养殖规模，控制水网密集区生猪、奶牛养殖规模，适度开发草山、草坡资源发展草食畜牧业，加快畜禽粪污资源化利用和无害化处理，推进农村垃圾和污水治理。加强渔业资源保护，大力发展滤食性、草食性净水鱼类和名优水产品生产，加大标准化池塘改造，推广水产健康养殖，积极开展增殖放流，发展稻田养鱼。

严控工矿业污染排放，从源头上控制水体污染，确保农业用水水质。加强耕地重金属污染治理，增施有机肥，实施秸秆还田，施用钝化剂，建立缓冲带，优化种植结构，减轻重金属污染对农业生产的影响。到2020年污染治理区食用农产品达标生产，农业面源污染扩大的趋势得到有效遏制。

（四）华南区

本区位于福州、大埔、英德、百色、元江、盈江一线以南，南至南海诸岛，包括福建东南部、台湾省、广东中部及南部、广西南部及云南南部。

（1）自然经济条件和农业生产特点。全区地处南亚热带及热带，是我国水热资源最丰富和唯一适宜发展热带作物的地区。属亚热带湿润气候，年降水量1300～2000mm，无霜期235～340天，≥10℃积温6500～9300℃，日照时数1500～2600h，终年无霜，可一年三熟，耕地以水田为主，地形复杂多样，河谷、平原、山间盆地、中低山交错分布，经济作物为花生、甘蔗及亚热带水果柑橘和热带水果香蕉、菠萝、龙眼和荔枝等，是全国最大的甘蔗生产基地；其中珠江三角洲是全国著名的商品粮、甘蔗、蚕丝和淡水鱼生产基地。农、林和水产业在全国均占有重要地位，是我国三大林区和四大海区之一。

（2）发展方向。以减量施肥用药、红壤改良、水土流失治理为方向，发展生态农业、特色农业和高效农业，构建优质安全的热带、亚热带农产品生产体系。

（3）布局重点。稳定水稻种植面积、稳定糖料种植面积，利用冬季光温资源，开发冬闲田，扩大冬种马铃薯、玉米、蚕豆及豌豆、绿肥和饲草作物等，加强南菜北运基地基础设施建设，实现错季上市、均衡供应。大力开展专业化统防统治和绿色防控，推进化肥农药减量施用，治理水土流失，加大红壤改良力度，建设生态绿色的热带水果、冬季瓜菜生产基地。恢复林草植被，发展水源涵养林、用材林和经济林，减少地表径流，防止土壤侵蚀；改良山地草场，加快发展地方特色畜禽养殖。发展现代水产养殖，加强天然渔业资源养护、水产原种保护和良种培育，扩大增殖放流规模，推广水产健康养殖。到2020年，农业资源高效利用，生态农业建设取得实质性进展。

（五）西北及长城沿线区

本区位于我国干旱、半干旱地带，主要包括新疆、宁夏、甘肃大部、山西、陕西中北部、内蒙古中西部、河北北部。

（1）自然经济条件和农业生产特点。属半湿润到半干旱或干旱气候，土地广袤，光热资源丰富，耕地充足，人口稀少，增产潜力较大。干旱少雨，水土流失和土壤沙化现象严重。年降水量小于400mm，无霜期100～250天，初霜日在10月底，≥10℃积温2000～4500℃，日照时数2600～3400h。农业生产方式包括雨养农业、灌溉农业和绿洲农业，是我国传统的春小麦、马铃薯、杂粮、春油菜、甜菜、向日葵、温带水果产区，是重要的优质棉花产区。

（2）发展方向。以水资源高效利用、草畜平衡为方向，突出生态屏障、特色产区、稳农增收三大功能，大力发展旱作节水农业、草食畜牧业、循环农业和生态农业，加强中低产田改造和盐碱地治理，实现生产、生活、生态互利共赢。

（3）布局重点。利用西北地区光热资源优势，加强玉米、蔬菜、脱毒马铃薯、苜蓿等制种基地建设，满足生产用种需要；推进棉花规模化种植、标准化生产、机械化作业，提高生产水平和效率，发挥新疆光热和土地资源优势，推广膜下滴灌、水肥一体等节本增效技术，积极推进棉花机械采收，稳定棉花种植面积，保证国内用棉需要。在雨养农业区，实施压夏扩秋，调减小麦种植面积，提高小麦单产，扩大玉米、马铃薯和牧草种植面积，推广地膜覆盖等旱作农业技术，建立农膜回收利用机制，逐步实现基本回收利用；修建防护林带，增强水源涵养功能。在绿洲农业区，发展高效节水灌溉，实施续建配套与节水改造，完善田间灌排渠系，增加节水灌溉面积，逐步实现节水灌溉全覆盖，并在严重缺水地区实行退地减水，严格控制地下水开采；在农牧交错区，推进农林复合、农牧结合、农牧业发展与生态环境深度融合，通过坡耕地退耕还草、粮草轮作、种植结构调整、已垦草原恢复等形式，挖掘饲草料生产潜力，发展粮草兼顾型农业和草食畜牧业。在草原牧区，继续实施退牧还草工程，保护天然草原，实行划区轮牧、禁牧、舍饲圈养，控制草原鼠虫害，恢复草原生态。

（六）西南区

本区位于秦岭以南，地处我国长江、珠江等大江大河的上游生态屏障地区，主要包括广西、贵州、重庆、陕西南部、四川东部、云南大部、湖北、湖南西部。

（1）自然经济条件和农业生产特点。地处亚热带，湿度大、日照少，山地、丘陵、盆地交错分布，垂直气候特征明显，生态类型多样，冬季温和，生长季长，雨热同季，适宜多种作物生长，有利于生态农业、立体农业的发展。年降水量800～1600mm，无霜期210～340天，≥10℃积温3500～6500℃，日照时数1200～2600h，可实现稻麦两熟制，主要种植玉米、水稻、小麦、大豆、马铃薯、甘薯、油菜、甘蔗、烟叶、苎麻等作物，是我国重要的粮食、油料、甘蔗、烟叶、茶叶、柑橘、生猪和蚕丝产区，也是重要的用材林和经济林基地，油桐、乌柏、生漆和药材等在全国占有重要地位。地面水资源丰富，潜在的可开采能力占全国总量的68%左右，有大量的湖泊及水库等水利设施，国内水力发电工程多在西南地区。

（2）发展方向。突出小流域综合治理、草地资源开发利用和解决工程性缺水，在生态保护中发展特色农业，实现生态效益和经济效益相统一。

（3）布局重点。保护平坝水田，发挥光温资源丰富、生产类型多样、种植模式灵活的优势，因地制宜推广轻简栽培及小型机具，稳定水稻面积，推广玉米/大豆、玉米/马铃薯、玉米/红薯间套作等生态型复合种植，合理利用耕地资源，提高土地产出率；发展高山夏秋冷凉特色农作物生产，巩固云南天然橡胶和糖料蔗生产能力。稳定藏区青稞面积，扩种马铃薯和杂粮杂豆，推广油菜育苗移栽和机械直播等技术，扩大优质油菜生产。对坡度25°以上的耕地实行退耕还林还草，鼓励人工种草，调减云贵高原非优势区玉米面积，改种优质饲草，发展生态草食畜牧业。加强林草植被的保护和建设，发展水土保持林、水源涵养林和经济林；通过修筑梯田、客土改良、建设集雨池，防止水土流失，推进石漠化综合治理。合理开发利用水产资源，发展特色渔业。

（七）青藏区

本区位于我国最大的高原——青藏高原地带，包括西藏，青海，甘肃的甘南自治州及天祝、肃南县，四川西部，云南西北部。

（1）自然经济条件和农业生产特点。高寒是青藏区的主要自然条件特点，既有海拔4000～6000m的高大山岭，海拔3000～5000m的台地、湖盆和谷地，又有海拔低于3000m的东部、南部河谷地区，但不到全区总面积的10%。由于地势高，大部分地区热量不足，东部和南部海拔4000m以下地区，有效积温仅1000～2000℃，可种植耐寒喜凉作物。南部边缘河谷地区可种植玉米、水稻等喜温作物。光能资源丰富，是全国太阳辐射量最多的地区，日照时间长、气温日差大，作物光合作用强度大，易形成大穗、大粒和大块茎，有利于作物高产。区内天然草场面积广阔，约占全区土地总面积的60%，东南部和东部有广阔的天然森林，木材蓄积量占全国的23.3%，是我国主要的林牧区。西部南端、中南部和东北部是农牧交错区，适宜青稞、豌豆、小麦和油菜的生长，并以青稞为主，是高原家畜产品（耐寒的耗牛、藏绵羊和藏山羊）的主产区。东南部是以农业和林业为主的农牧交错区，是区内海拔最低、水热条件最好的地区，主要种植冬小麦、玉米，也有水稻生产。

（2）发展方向。突出三江源头自然保护区和三江并流区的生态保护，实现草原生态整体好转，构建稳固的国家生态安全屏障。

（3）布局重点。保护基本口粮田，稳定青稞等高原特色粮油作物种植面积，确保区域口粮安全，适度发展马铃薯、油菜、设施蔬菜等产品生产。严守生态保护红线，继续实施退牧还草工程和草原生态保护补助奖励机制，保护天然草场，推行舍饲半舍饲养殖，以草定畜，实现草畜平衡，有效治理鼠虫害、毒草，遏制草原退化趋势。适度发展牦牛、绒山羊、藏系绵羊为主的高原生态畜牧业，加强动物防疫体系建设，保护高原特有鱼类。

（八）海洋渔业区

本区主要包括濒临渤海、黄海、东海、南海及台湾以东的我国管辖海域。

（1）自然经济条件和农业生产特点。气候跨越温带、亚热带和热带，海岸类型多样，大于10km²的海湾160多个，大中河口10多个，自然深水岸线400km多。按功能分区为农渔业区、港口航运区、工业与城镇用海区、矿产与能源区、旅游休闲娱乐区、海洋保护区、特殊利用区、保留区等。

（2）发展方向。严格控制海洋渔业捕捞强度，限制海洋捕捞机动渔船数量和功率，加强禁渔期监管。

（3）布局重点。稳定海水养殖面积，改善近海水域生态质量，控制近海养殖规模，拓展外海养殖空间。积极发展海洋牧场，扩大立体养殖、深水网箱养殖规模，建设海洋渔业优势产业带。大力开展水生生物资源增殖和环境修复，保护海洋渔业生态，当前，海洋捕捞机动渔船数量和总功率明显下降。

三、中国特色农产品区域布局

区域化布局、专业化生产、产业化经营是世界各国农业发展的一般趋势与规律，也是农业现代化的重要标志之一。如在美国已形成有竞争力和国际知名的玉米、小麦、大豆等产业带，产量分别为全国产量的45%、50%、60%，法国形成了世界知名的葡萄优势产区等。当前，我国农业生产的主要矛盾已由总量不足转变为结构性矛盾，推进农业供给侧结构性改革、加快转变农业发展方式是当前和今后一个时期农业农村经济的重要任务。2017年我国发布《特色农产品区域布局规划（2013—2020年）》，旨在培植区域特色支柱产业、优化特色农产品布局、提高特色农产品市场竞争力。

（一）特色粮油

我国特色粮油产品种类繁多，品质优良，市场需求增长空间大。特色粮油大部分属于抗旱作物，是我国半干旱地区的主要粮食作物，不但可以食用，而且可广泛应用于化工和医药等领域，具有很高的营养及保健功能和综合利用价值，在国际市场上具有明显的品质优势与价格优势，是我国重要的出口农产品，出口量约占世界出口量的10%。但是，目前我国特色粮油产品生产存在种植粗放、品种混杂、退化严重、加工开发不足、出口市场秩序混乱等突出问题。

（1）区域布局。分区域重点发展19种特色粮油。

芸豆：河北、山西、内蒙古、吉林、黑龙江、山东、重庆、四川、贵州、云南、陕西、甘肃、新疆等地的部分县市。

绿豆：河北、山西、内蒙古、辽宁、吉林、黑龙江、江苏、安徽、山东、河南、湖北、广西、重庆、四川、贵州、陕西、新疆等地的部分县市。

红小豆：北京、天津、河北、山西、内蒙古、辽宁、吉林、黑龙江、江苏、山东、湖北、四川、贵州、云南、陕西、甘肃等地的部分县市。

蚕豆：河北、江苏、安徽、湖北、广西、重庆、四川、贵州、云南、陕西、甘肃、青海、宁夏等地的部分县市。

豌豆：河北、山西、江苏、山东、湖北、广东、重庆、四川、贵州、云南、甘肃、青海、宁夏等地的部分县市。

豇豆：大兴安岭南麓地区。

荞麦：河北、山西、内蒙古、安徽、广西、重庆、四川、贵州、云南、西藏、陕西、甘肃、宁夏等地的部分县市。

燕麦：河北、山西、内蒙古、吉林、四川、贵州、云南、甘肃、宁夏等地的部分县市。

青稞：四川、云南、西藏、甘肃、青海等地的部分县市。

谷子：河北、山西、内蒙古、东北三省、山东、河南、陕西、甘肃等地部分县市。

糜子：河北、山西、内蒙古、东北三省、陕西、甘肃、宁夏等地的部分县市。

高粱：河北、山西、内蒙古、东北三省、山东、湖北、重庆、四川、贵州、陕西、甘肃、新疆等地部分县市。

薏苡：浙江、广西、贵州、云南等地的部分县、市。

啤酒大麦：内蒙古、黑龙江、江苏、安徽、河南、云南、陕西、甘肃、新疆等地部分县市。

啤酒花：甘肃、新疆等地的部分县、市。

芝麻：吉林、江苏、安徽、福建、江西、河南、湖北、陕西、新疆等地部分县、市。

胡麻：河北、山西、内蒙古、陕西、甘肃、宁夏、新疆等地的部分县、市。

向日葵：山西、内蒙古、东北三省、新疆等地部分县市，内蒙古巴彦淖尔市。

木本油料：浙江、武陵山区、云南大部。

（2）主攻方向。加强良种繁育与优良品种鉴选，加快优质专用品种推广应用步伐；加强出口基地、加工原料基地建设，推广保优节本高产栽培技术，推进生产技术与产品的标准化；积极扶持龙头企业，推进产业化经营，开发优质特色粮油系列产品，培育一批名牌产品；加强特色粮油产品质量安全管理，建立健全特色粮油相关的质量、技术和环境标准及全程质量安全控制体系。

（3）发展目标。建成一批专用化生产基地，满足国内外细分市场的品质、规格需求。提高加工转化率，加强即食性食品研发，创造新的消费热点，增加市场占有份额，扩大出口规模。

（二）特色蔬菜

当前我国蔬菜生产整体上供大于求，存在结构性、季节性、地域性过剩现象，国内外市场竞争日趋激烈。然而，随着人们生活水平的提高和营养保健意识的增强，对蔬菜中的特色菜的需求逐步增加。特色蔬菜因其特有的品质、营养价值及功效，具有广阔的市场空间。

（1）区域布局。分区域重点发展14种特色蔬菜。

莲藕：江苏北部、浙江区、山东微山、江汉平原、广西中部。

魔芋：秦巴武陵区、云贵川区。

莼菜：江苏太湖区、浙江杭州、湖北武陵山区、重庆石柱、四川雷波。

藠头：鄂湘赣区、云南区。

芋头：浙闽区、山东、桂东北区、云南弥渡。

竹笋：东南区、湖北区、西南区、陕南区。

黄花菜：湘黔区、甘陕区。

荸荠：浙江区、鄂中区、桂东北区、滇西区。

山药：黄淮海区、云贵区。

黑木耳：东北区、浙闽区、秦巴伏牛山区、长江中上游地区、广西。

银耳：福建区、秦巴山区、黔西北区。

辣椒：东北区、黄淮海区、西南区、湖南区、西北区、海南区。

花椒：西南区、藏东南、陕甘青区。

大料：桂西南区、桂东南区、滇东南区。

（2）主攻方向。加强特色蔬菜良种繁育和推广，发展优质特色蔬菜；强化特色蔬菜产后处理，积极发展深加工，突出特色蔬菜的功能性开发，延长产业链，提高附加值；加快特色蔬菜质量标准体系建设，规范行业标准，提升产品市场竞争力，培育名牌产品。

（3）发展目标。优势区良种覆盖率达到96%以上，扶持建设一批特菜种植基地，以加工企业为龙头带动产业发展，实现高档蔬菜标准化生产，开发系列特色蔬菜产品，做精、做强特菜名牌产品，提高特色蔬菜在国内外市场上的消费空间。

（三）特色草食畜

当前我国特色畜禽产品消费需求增长迅速，牛、羊和驴等特色草食畜发展前景广阔。特色牛主要包括延边牛、郏县红牛、复州牛、湘西黄牛、牦牛等优秀地方牛品种，具有肉质好、味道鲜美独特、感官好等特点，近些年市场需求快速增加。目前存在的主要问题是：生长速度慢，优质种牛群体规模小，肉牛生产和深加工技术落后于发达国家，牛肉在国际市场上缺乏竞争力，高档牛肉产量低，质量及档次不能满足市场需求，大部分依赖进口。特色羊方面，在纺织产品出口拉动下，国产细羊毛市场需求逐步增加，我国羊绒衫占国际市场份额的75%左右，原绒产量占全球产量的80%；藏系绵羊毛具有弹性大、拉力强和光泽度高的特点，是纺织地毯的上等原料，滩羊是在特定生态环境条件下育成的独特名贵裘皮用绵羊品种。目前存在的主要问题是：特用羊品种退化，优质种羊规模小，舍饲技术不完善；羊绒和羊毛剪毛机械化程度低，产品混装混卖，质量及档次结构不能适应市场需求。特色驴方面，随着人们生活水平的快速提高，对驴肉、阿胶的市场需求越来越大，部分优良地方驴品种的肉用、药用和乳用等多功能价值逐渐凸显。目前存在的主要问题是：优质种驴规模小，驴肉及其产品深加工技术落后，高档驴肉产量低，质量及档次低，不能满足市场需求。特色兔方面，兔肉肉质细嫩、味美香浓、久食不腻，营养价值、药用价值都很高。特色鹿方面，鹿全身都是宝，可以开发出多种药品、滋补保健品、食品、化妆品和优质的有机肥，其医疗保健价值尤其显著。

（1）区域布局。分区域重点发展22种特色草食畜。

牦牛：青藏高原、南疆地区。

延边牛：东北三省东部。

渤海黑牛：山东北部。

郏县红牛：河南中西部。

复州牛：辽宁南部。

湘西黄牛：湖南湘西北地区。

奶水牛：广西、云南。

德州驴：鲁北平原。

关中驴：陕西关中平原。

晋南驴：山西南部。

广灵驴：山西东北部。

泌阳驴：河南南部。

福建黄兔：福建西北部。

闽西南黑兔：福建西南部。

九嶷山兔：湖南西南部。

吉林梅花鹿：东北三省。

东北马鹿：东北三省、内蒙古赤峰。

细毛羊：新疆天山北坡及南坡地带、内蒙古中东部、甘肃祁连山区、青海中部。

绒山羊：西藏西部、内蒙古中西部、陕北、辽东半岛、新疆准喝尔盆地和塔里木盆地周边、青海柴达木。

藏系绵羊：西藏大部、青海、甘肃甘南、四川西部及云南西北部。

滩羊：宁夏中部、甘肃中部。

奶山羊：陕西、山东、四川。

（2）主攻方向。特色牛方面，加强优良地方牛品种原产地保种场、保护区建设，保护与开发相结合，遏制能繁殖母牛养殖数量下降趋势；开发地方牛品种高档牛肉和牛肉制品，促进特色产品精深加工发展；推广专业化育肥新技术，提高饲草料资源利用率；因地制宜开展人工种草，建设饲草料储备和防灾减灾设施，稳定生产能力；规范饲养技术，严格投入品和屠宰加工监管，确保牛肉和牛肉制品产品质量安全。特色羊方面，建设原种场、扩大种羊规模，提高个体繁殖性能和产肉、产毛（绒）和羊毛（绒）品质；推广"牧+舍"饲养殖技术，控制存栏、提高母畜、加快周转、增快出栏，保护草地，缓解草畜矛盾；加快建设机械化剪毛和毛、绒分级等基础设施；建立滩羊保护区。特色驴方面，加强优良地方驴品种原产地保种场、保护区建设，进行本品种选育，品系繁育，保护与开发相结合；培育壮大一批带动能力强的养殖、屠宰加工龙头企业，提升标准化、规模化、产业化发展水平；开发高档驴肉产品、阿胶产品等，促进特色产品精深加工发展，完善产业链条，强化品牌创建。

（3）发展目标。不断健全和完善良种繁育、动物防疫、市场信息等支撑体系；建立新型的草地生态畜牧业发展机制，发展畜产品精深化加工，形成一批与国际标准接轨、具有较强竞争力的加工企业，创建特色草食畜产品名牌。

（四）特色猪禽蜂

我国猪禽肉市场供需基本平衡，但特色肉类需求增长势头强劲，发展潜力大，市场前景看好。金华猪皮薄、骨细、肉嫩，是腌制金华火腿的原料；乌金猪肌肉发达，瘦肉比例高，是腌制"云腿"的原料；香猪体型矮小、肉质香嫩、皮薄骨细、早熟、乳猪无腥味，是加工制作高质量肉制品的原料；藏猪体型小、皮薄、瘦肉率高，风味独特。

我国特色优质禽种质资源丰富，自然放养的地方优质鸡销售市场不断扩大，鹅、鸭等特色水禽正成为禽肉生产新的增长点；地方肉鸽品种有石岐鸽、塔里木鸽，石岐鸽肉质鲜嫩，肉味鲜美，耐粗易养；塔里木鸽血、肉均可入药，具有治疗关节炎、风湿等疾病的功效。

我国是世界蜂产品生产和出口大国，国内消费量日渐增加，50%蜂产品用于出口，蜂王浆产量占世界90%。目前存在的主要问题是，品种杂乱，缺乏系统选育，品质参差不齐；生产模式落后，缺乏综合防疫设施，滥用和盲目用药现象严重；生产规模偏小，加工产品开发不足。

（1）区域布局。分区域重点发展11种特色产品。

金华猪：浙江中西部、江西东北部。

乌金猪：云贵川乌蒙山和大小凉山地区。

香猪：黔东南、桂西北。

藏猪：西藏东南部、云南西北部、四川西部、甘肃南部。

滇南小耳猪：滇西边境山区。

八眉猪：陕西泾河流域、甘肃陇东、宁夏固原地区、青海互助县等。

太湖猪：江苏、浙江和上海交界的太湖流域。

优质地方鸡：长江中下游区、华南区、西南区。

特色肉用水禽：长江中下游区、东南沿海区、西南区、黄淮海区、东北松花江区。

特色肉鸽：新疆塔里木盆地西部（塔里木鸽）、广东中南部、珠江三角洲地区（石岐鸽）。

特色蜂产品：东北与内蒙古区、中南区、华东区、西北区、西南地区和华北区。

（2）主攻方向。实施原产地保护，保护与开发相结合，进行特色品种的保种与提纯；改进养殖方式，扩大生产规模，建立标准化生产示范区，提高疫病监控水平，增强产业开发，形成产业链；推进特色产品及其副产品精深加工发展，强化品牌创建，完善产业链。

（3）发展目标。不断建立规范化的保种、繁育基地，实施标准化生产，开展系统的保种选育，挖掘精深加工潜力，发展特色肉产品及其他制品，打造知名品牌。

（五）特色果品

特色果品属于劳动和技术密集型农产品，市场竞争优势显著，国内外需求增量大，有着较大的发展空间。近年来我国特色果品快速发展，栽培面积、生产量和人均消费量都不断增加，出口大幅度增长，部分产品供不应求，已形成了一些特色果品产业化生产基地，且有加快发展的良好基础。但同时存在品种退化、品质下降、品种及熟期不合理、上市过于集中、市场压力过大、产业化程度低等问题。

（1）区域布局。分区域重点发展25种特色果品。

葡萄：华北区、东北区、华东区、中南区、西南区、西北区。

特色梨：塔里木盆地北缘（库尔勒香梨）、山东莱阳（莱阳茌梨）、冀中和鲁西北（鸭梨）、冀中（雪花梨）、鲁苏皖黄淮平原（扬山酥梨、丰水）、河南南部（中梨1号、黄冠）、吉林延边（苹果梨）、辽宁沿海（南果梨、锦丰梨）、甘肃河西走廊（苹果梨）、京郊（京白梨）、浙江中部（翠冠）、云南中南部（翠冠、满天红）。

特色桃：北京产区（平谷）、辽南产区（大连）、河北产区（乐亭、顺平）、山东产区（青岛、威海、蒙阴、肥城）、陕甘高原产区（咸阳、秦安）、苏浙沪区（徐州、无锡、奉化、奉贤）、豫北产区（安阳、新乡）、鄂西北产区（枣阳、孝感）、成都产区（龙泉驿）、皖北产区（场山）、滇黔产区（昆明、贵阳）、桂北产区（桂林）、东南产区（南平、河源）。

樱桃：辽宁大连、河北秦皇岛、北京郊区、山东胶东半岛和泰沂西部、陕甘中部。

石榴：新疆南疆绿洲、安徽怀远、川滇高原区、山东枣庄、海南。

杨梅：浙闽大部、云南东部。

枇杷：浙闽粤区、湘桂区、四川区、江苏吴中、安徽歙县。

特色柚：闽粤区、桂东北湘南区、浙江中南部、湖北宣恩。

称猴桃：陕西关中、甘肃、渝湘黔区、江西、江苏、川中区。

特色枣：冀鲁平原、黄土高原、甘新区、辽西北区、闽南区、海南区。

特色杏：冀北山区（仁用杏）、辽西地区（仁用杏）、南疆地区（鲜食杏）。

特色核桃：云南中西部、晋冀区、青藏东南、南疆地区、鄂西北、山东泰山，浙皖天目山区（山核桃）、辽东南。

板栗：京津冀东北部、鲁中低山丘陵、鄂皖大别山区、陕南鄂西、云南中部。

柿子：京冀太行山区、陕甘区、桂北区。

香榧：浙江会稽山脉。

龙眼：粤桂南部、闽东沿海、海南、滇南干热河谷、四川泸州。

荔枝：粤桂南部、闽南、海南、滇南干热河谷、四川泸州。

香蕉：海南-雷州半岛、粤西-桂南、桂西南-滇南-滇西南、珠三角-粤东-闽南。

橄榄：闽粤沿海。

椰子：海南。

腰果：海南。

菠萝：桂西南、闽粤南部、海南东部、滇南和干热河谷。

芒果：粤桂南部、海南西部、滇南、川滇干热河谷、闽南。

番木瓜：粤桂南部、滇东南、闽南。

槟榔：海南。

（2）主攻方向。培育优良新品种，增加品种数量，发展早、晚熟品种，提高均衡上市能力；开展技术示范和技术培训，提高产品品质和商品一致性，加强采后处理和保鲜技术研发，开发新加工产品、开拓新市场；加强对引进品种和种苗的检疫性病虫害检疫管理工作，强化对重点病虫害的防治；健全特色果品品质、安全标准和监督、管理机制，加强特色果品产地认证。

（3）发展目标。培育上百个具有我国独特品质、有市场竞争力的特色果品品种；优化特色果品结构，加强果品采收技术研发；推进标准化生产，形成生产、加工、营销一体化的产业链，培育特色果品著名品牌，扩大国际市场份额。

（六）特色饮料

茶叶、咖啡是风靡世界的无酒精特色饮料。我国茶文化历史悠久，茶种资源丰富，有一批地方特色明显的名茶。但茶叶原产地保护力度不够，茶农缺乏必要的技术指导，产品质量安全生产技术和保证体系不健全等问题突出。我国云南和海南是世界高档咖啡豆适宜种植区，近年咖啡加工技术不断进步，咖啡国内消费需求和出口稳步增长。主要问题是咖啡园建设质量不高，品种混杂，生产技术和管理跟不上，精深加工和规模化程度不高，出口企业无序竞争，直接影响国际市场竞争力。

（1）区域布局。分区域重点发展5种特色饮料。

红茶：皖南、滇西、粤桂部分县、福建部分县、市。

乌龙茶：闽西北、闽南、粤东。

普洱茶：滇西南。

绿茶：浙江、安徽、江西、湖南、湖北、四川、贵州、重庆、陕西、河南、江苏、福建等地的部分县、市。

咖啡：云南西南部、广东雷州半岛、海南西北部。

（2）主攻方向。茶叶方面，改良茶树品种，稳步推进良种化进程；改善茶叶种植环境，加强茶树病虫害监控；全面推广茶叶标准化生产，加强初制茶厂改造与加工环境整治，确保茶叶优质安全；整合品牌，形成产业聚集。咖啡方面，推广优良品种，提高单产；建立优质咖啡种植园和精品咖啡脱壳加工厂；研发咖啡深加工新产品，建立咖啡交易中心，做强品牌。

（3）发展目标。优势区全面实现标准化生产，控制农药和重金属残留；加大资源原产地保护和新产品研发力度，扶持一批加工型龙头企业，改善加工工艺；整合品牌，规范市场；中西部优势区创建一批特色饮料地域性名牌，提高区域产品的认知度。

（七）特色花卉

花卉消费正在由集团消费和节假日消费向家居日常消费发展，市场前景广阔。20世纪90年代以后，世界花卉贸易额每年以10%的速度递增。世界花卉生产格局正在由发达国家向资源较丰富、气候适宜、劳动力和土地成本低的发展中国家转移，这为我国花卉业的发展提供了良好的机遇。我国花卉产业已具雏形，具备进一步发展的基础。目前存在的主要问题是，种质资源保护不够，缺乏专利品种，品种结构不合理，生产方式落后，花卉市场建设滞后。

（1）区域布局。分区域重点发展4类特色花卉。

鲜切花：云南中部、浙江东北部。

种球花卉：福建漳州（水仙）；青海东部（郁金香、百合）；滇西北和滇东北、甘肃中部（百合）；辽宁凌源（百合、唐菖蒲）。

盆栽花卉：福建沿海、浙江中北部、广东珠江三角洲、江苏如皋、辽宁海城、天津东丽。

园林花卉：湖北、河南。

（2）主攻方向。研发新品种和申请专利，建立和完善鲜切花行业标准；引进国外先进种球繁育、产后加工保鲜、质量及病毒检测等技术，以及温室成套设备和采后处理生产工艺线等；加强鲜切花的保鲜、盆栽花卉的栽培与繁殖等关键技术研发；加强市场体系建设，建立发达的花卉供销网络。

（3）发展目标。努力培育一批具有自主知识产权的特色花卉新品种，优化品种结构；建立技术推广和培训体系，实现产业升级，初步形成科研与生产互动互惠的研发机制；建设规范的花卉拍卖市场。

（八）特色纤维

我国特色纤维在世界占有重要的地位，茧丝和麻类两类特色纤维的生产总量居于世界前列。其中蚕茧和丝产量均占世界生产总量80%左右，是主导世界茧丝价格走势的茧丝绸原料大国；亚麻、红麻和黄麻产量世界第二。同时，我国特色纤维在国际市场上具有较强的质量和价格竞争优势，是我国极为重要的出口创汇产品。目前存在的主要问题是，桑园分散，缺乏方便适用的蚕茧质量检测技术，国际市场的强烈影响和出口企业的无序竞争造成蚕茧收购价格波动比较大；麻类优质品种比重低，剥麻设备简陋，劳动强度大，综合利用能力低，麻类加工导致环境污染严重。

（1）区域布局。分区域重点发展4种特色纤维。

蚕茧：广西大部、川西川南、渝东南、云南、苏北、浙江中北部和西部、鄂北、粤西粤北、陕甘南部、皖南（桑蚕）；豫南、东北地区（柞蚕）。

苎麻：湘鄂赣、川东地区、桂北地区、渝中南地区（主要是涪陵地区）。

亚麻：黑龙江、新疆伊犁、甘肃中东部。

剑麻：华南南部。

（2）主攻方向。蚕茧方面，控制规模，调整布局，蚕桑"西进"；强化基础设施建设，推行标准化生产，建设优质高产稳产蚕桑新基地；推广优良桑、抗寒桑树新品种，蚕新品种和省力化养蚕等优质蚕茧生产技术，提高桑蚕生产水平及质量，增加蚕农收入。麻类方面，积极培育优质麻类新品种，提高优质品种覆盖率；研制剥麻设备，降低麻农劳动强度，提高剥麻效率和纤维质量。增加产品种类，提高产品的附加值。大力发展特色纤维（麻类）替代森林造纸，建立综合开发利用技术体系，提高麻类综合利用水平，减轻环境污染。

（3）发展目标。综合开发利用特色纤维资源，发展集约高效生态型特色纤维业，形成生产——纺织——贸易一体化的产业体系，增强产业国际竞争力，全面提高优势区特色纤维生产的经济效益和生态效益。

（九）道地中药材

随着大众健康意识的快速提升和国际社会对中国传统中药的认同和接受程度提高，我国中药材产业的发展赢得了良好的发展空间，中药材产品市场需求不断增长。中药材市场竞争力强，发展潜力大，在国际贸易中的份额逐年上升。目前存在的主要问题是，道地药材品种退化严重。种植组织化、产业化程度和科技含量较低。市场监管不力，伪劣药材产品充斥市场。中药材品种繁多，不同品种的需求量差异明显，市场价格年际波动很大。

（1）区域布局。分区域重点发展25种中药材。

三七：桂西南和滇东南。

川贝母：川西、藏东、甘肃南部。

怀药：河南焦作。

天麻：西南、秦巴山区、武陵山区、皖西。

杜仲：秦巴山区、武陵山区、大娄山区。

枸杞：宁蒙河套地区、新疆精河、青海区。

黄芪：内蒙古东部、辽宁东部、吉林长白山、黑龙江北部、川西北、山东半岛、陕西中部、甘肃南部、青海东部。

人参：长白山。

丹参：天津蓟州区、四川中江和青川、湖北孝感、甘肃南部。

林蛙：长白山及大小兴安岭。

鹿茸：辽宁北部、吉林中南部、黑龙江中南部。

当归：滇西北、甘肃南部。

罗汉果：桂东北。

北五味子：东北区。

浙贝母：浙江中部。

川芎：四川成都。

金银花：河南新乡、山东平邑、四川巴中、广西忻城。

白术：贵州松桃县、河北安国市、河南、浙江。

藏药：藏区。

甘草：黑龙江西南部、南疆地区。

黄芩：河北、山东。

桔梗：冀鲁豫地区、鄂东北。

细辛：辽宁。

龙胆草：辽宁、黑龙江。

山茱萸：豫西、浙西北。

（2）主攻方向。推动中药材产品原产地认证工作，加强野生道地药材资源保护；规范中药材栽培和产地加工技术，保证中药材质量；降低农药残留和重金属对环境和药材的污染，保证中药材安全；加快对中药材病虫害发生、发展规律及防治技术的研究。

（3）发展目标。建设一批优质道地中药材生产基地；大幅度提高优势区中药材标准化、产业化和组织化水平；建立中药材原产地种源基地保护区。

（十）特色水产

随着城乡居民消费水平的提高，国内特色水产的消费呈现大众化之势，其市场需求会逐步增加。鲍鱼、海胆、蟹、海参等特色水产，因味道鲜美、营养丰富而备受称誉，在国内外市场上十分畅销。目前存在的主要问题是，优良苗种覆盖率偏低，养殖标准化程度低，人工配给饲料的使用率低，养殖环境恶化，病害发生频繁，病害检测和防治技术滞后，养殖产业链条短，深加工比例较小，产业化与组织化程度低。

（1）区域布局。分区域重点发展15种特色水产。

鲍鱼：辽宁、山东、福建、广东、海南等地沿海。

海参：辽宁、河北、山东、江苏、福建等地沿海。

海胆：辽宁、山东、广东等地沿海。

珍珠：浙江、湖南、江西、广西、广东、海南等地的部分县、市。

鳟鱼及鲟鱼：北京、河北、山西、辽宁、黑龙江、云南、贵州、四川、青海、山东、湖北、甘肃等地的部分县、市。

青虾（学名为日本沼虾）：浙江、江苏、安徽、江西的部分县、市。

锯缘青蟹：浙江、福建、广东、广西、海南等地沿海。

黄鳝：江苏、安徽、江西、湖北、湖南、四川等地的部分县、市。

鲇鱼：辽宁、山东、江苏、安徽、江西、湖北、湖南、四川、广东、广西等地部分县、市。

龟鳖：江苏、浙江、江西、湖北、湖南、广东、山东、河北、河南等地的部分县、市。

海蛰：辽宁、河北、山东、江苏的沿海地区。

（2）主攻方向。加强苗种繁育与养殖技术研究，提高产品品质；实施标准化养殖，建设安全生产基地；合理控制养殖规模与密度，改善养殖生态环境；提高相关病害监测、防控水平，确保水产品食用安全；扶持养殖和加工龙头企业，提高养殖加工比例与产业化水平。

（3）发展目标。全面推行健康养殖和绿色加工，有效预防和控制重大养殖病害，提高产品产量和质量，建设一批特色水产品健康养殖示范区，培育一批加工贸易型龙头企业，巩固国际市场的地位，扩大出口。

第五章　农业经营预测与决策

第一节　农业经营预测

一、农业经营预测的概念

预测，简单地说，就是预计和推测，即人们根据过去和现在来预计未来，根据已知来推测未知，以指导人们的未来行动，减少未来事件的不确定性影响。具体地讲，预测是指运用科学的理论和方法，对预测对象及有关过去和现在的资料进行分析研究，从而掌握其发展变化的规律性，并据以对预测对象在未来时期的发展趋势变化及其结果作出估计与判断。

经营预测是预测技术在经营中的具体运用。它是以过去和现在的统计资料和调查资料为依据，运用科学的方法对影响经营活动的各种不确定因素及其对经营总体影响结果所进行的预料、估计和判断。简单地说，经营预测就是根据内外部经营环境、经营信息对未来经营状况所作的推测和预料。

农业经营预测是指以过去和现在的统计资料和调查资料为依据，运用科学方法，对农业企业经营有关的未来状况和发展趋势所作的定性和定量的推测和预料。

二、经营预测原理

经营预测的基本原理是要回答人们为什么能够对未来经济发展的情况作出推测的问题。经营预测的基本原理主要包括以下3方面内容。

（一）连续性原理

也称连贯性原理，指经济的发展具有符合经济发展规律的连贯性。一切经济现象从时态上来看，都有其过去、现在和未来，而其过去、现在和未来具有连续性。它的现在是由过去发展来的，它的未来是过去和现在发展的结果。如果作用于经济现象的条件不变，未来的经济状态就是过去和现在的经济状态的延伸。所以，在了解过去和现在的基础上，就可以预知未来。

（二）类推性原理

客观经济事物之间，存在着某种类似的结构和发展模式。人们按照已知的某种类似的结构和发展模式，可以类推未来的结构和发展模式。客观经济事物之所以能够类推，是因为它们之间存在着相似性，具体表现为结构及发展模式相接近。统计学中利用样本推断总体，就是由于具有代表性的样本同总体在结构上是相似的。

（三）因果性原理

客观经济现象的更替运动中，作为原因的某种现象一旦发生，作为结果的另一种现象必然会随之出现，即为客观经济运动的因果性。这个因果关系一般是原因在前，结果在后，但原因与结果几乎同时出现的状况也是常见的。当人们把握了经济发展变化的原因，就能推断出必然出现的结果。这种从已知的原因推测未知的结果，就是应用了因果性原理。

三、农业经营预测分类

农业经营预测名目繁多，可根据研究需要，按不同的标准，将各种预测进行分类。

（一）按经营预测的内容不同划分

按照预测的内容不同，可将农业经营预测分为以下5种。

（1）自然气候预测。农作物的收成好坏在一定程度上与是否风调雨顺有关，因此，要做出计划，有必要对雨量、温度和自然灾害作出预测。

（2）资源供应预测。对劳动力、土地、机器设备、水源、肥料、燃料、饲料、交通运输条件等供应情况及其对生产的约束程度，自己能供应多少，需要外购多少，市场能供应多少，供应的价格为多少，自己生产的成本为多少都要作出预测。

（3）科学技术预测。对科学技术未来发展动向以及对经济发展的影响作出预测，如重大发明和新技术应用的推广速度与效益等方面的预测。

（4）生产结构预测。根据当时、当地的条件，推测各种农产品的生产规模、结构变化趋势。

（5）市场供求关系预测。要对国内外农产品市场的需求量、市场占有率，农产品经济寿命周期、居民收入水平、购买力、消费结构、农产品价格等情况作出预测。

（二）按经营预测的时间长短划分

按预测时间长短，可将农业经营预测分为长期预测、中期预测和短期预测3类。长期预测一般是指对3年或5年以上的经营过程所作的预测；中期预测一般是对1年以上3年以内的经营过程所作的预测；短期预测则是指1年以内的经营过程所作的预测，如以旬、月、季为单位的预测。

（三）按经营预测的方法不同划分

按经营预测的方法可以将农业经营预测分为定性预测和定量预测。定性预测又称为经验判断，它是凭借自己的经验和综合分析判断能力，根据预测对象的性质、特点、过去和现在的情况，运用逻辑推理法，推断预测对象的未来发展趋势。该方法简便易行，但带有较大的主观性，受预测者分析、判断能力的影响大，它较适用于缺乏历史统计资料和数据的情况，或用于新产品销售量的预测；定量预测是根据占有的系统可靠的资料和数据，在定性分析的基础上，借助数学模型、图表和计算机等手段，进行定盘分析，进而对预测对象的未来发展趋势作出预测。它适用于有较完整的历史统计资料和数据的情况。

四、农业经营预测的原则和程序

（一）农业经营预测的原则

农业经营预测要求对未来做出合乎规律的推断和设计，要搞好农业经营预测，必须遵循如下原则。

（1）敏感性。预测应该随时观察、掌握预测对象的新动向，如年景丰歉、同行业的创新动向等。

（2）时间性。预测必须及时，要走在农业生产和流通的决策之前，这样才能及时决策。

（3）反复性。农业经营预测不可能一次就完成，要反复进行，不断修正，逐步减少误差，提高预测的准确性。

（4）地域性。农产品生产或消费受地区影响较大，农产品经营预测必须有针对性，注意各地自然条件、经济条件和社会条件方面的差别，以符合各地区的实际。

（5）群众性。经营预测是信息的沟通，除了依靠各级和各类专业人员之外，还要重视发动群众参加预测，取得来自多方面信息，以提高预测的全面性和准确性。

（6）连续性。经营预测是对未来趋势动向的预测。一次预测只能对一定期限的未来进行估计，而预测对象的运动变化是连续不断的。因此，预测要连续进行，不断掌握预测对象运动的最新动向。

（二）农业经营预测的程序

经营预测是对农业发展前景的一种探索性的研究工作，其预测过程是一个严密的逻辑推理过程，因此它有一套科学的研究步骤。要搞好经营预测，必须明确先做什么，后做什么，形成一个前后稳定有序的程序。

（1）确定预测目标。确定预测目标主要是确定预测对象、目的、预测项目、预测的空间范围和时间要求。预测目标应尽量具体、详尽，不能含糊、抽象。它既关系到整个预测活动的成败，又关系到预测中其他步骤的进展，如搜集何种资料，采用何种预测方法，以及如何制订该项预测的具体工作计划和进度计算等。

（2）搜集、整理和分析有关资料。根据预测目标，广泛搜集需要的历史和现实资料，对搜集到的资料要严格审核，要做到数据可靠，计算口径一致，计算方法相同，统计时间与计量单位一致等，使资料具有可比性。

（3）选择预测方法和模型。要根据预测的目标和要求、预测对象本身的特点来选择预测方法。预测方法要服从于预测目标和预测要求。预测模型与预测方法是紧密联系在一起的，确定了预测方法，也就确定了预测模型。建立预测模型，就是指依据预测目标，应用预测方法建立起数学模型。

（4）进行预测。对预测问题经过分析或计算，进行判断、测算，确定预测结果。根据选定的方法，进行调查，如有数学模型，条件许可，应编制计算程序，通过电子计算机进行预测。

（5）分析预测结果。分析预测结果是否已达到预测目标的要求；预测结果误差是否在允许范围内；预测结果的合理程度怎样等。

（6）撰写预测报告。预测报告包括预测的目的、预测方法、预测结果、误差范围、预测结果分析，使用此预测值的注意事项，以及保证预测结果实施的策略、措施等内容。

（7）预测结果的追踪、检验。对预测值与实际值进行比较，并分析差距及产生的原因，提出修正意见，以期提高预测的精确度。

第二节 农业经营预测方法

农业经营预测的方法有很多种，一般可分为以市场调查为基础的经验判断法（定性预测方法）和以统计资料为基础的计算分析法（定量预测方法）两大类。定性预测法主要预测经营活动未来发展的趋势和方向，对数量的预测精确度要求不高；而定量预测法则主要预测经营活动未来发展的量的水平，对发展趋势和方向的反映不够直观。因此在实际工作中，应注意定性预测和定量预测的结合。

一、定性预测方法

定性预测法。是依靠人们的知识、经验和综合分析能力，对未来的发展状况作出推断。该方法直观简单、费用低，但掌握起来并不容易，需要有丰富的经验。在数据资料较少或不准确的情况下，采用该方法较好。

（一）经验判断法

这种方法主要是凭借经营者个人的经验和综合分析能力，在市场调查资料的基础上作出预测。农村中有不少善经营、懂管理的能人，他们对本行有丰富的经验和观察分析能力，可以凭其经验对农产品产量、产值等作出估计和推断。这种方法虽简便易行，但往往带有主观片面性。故要求预测者应有丰富的经验和精明的头脑，对市场行情有充分的了解，否则预测结果的质量不能保证。

（二）集合意见法

这种方法就是预测者邀请与预测对象有关的人员和专家参加会议，共同商讨，从而作出预测。这种方法要求参会人员有一定经验、专业知识和丰富的第一手资料，通过讨论、磋商、互相启发，提出具有创造性的预测意见。

（三）德尔菲法又称专家预测法，是一种采用函询方式征求专家意见的集体预测方法

其工作过程是：将所要预测的问题和必要的背景材料，用通信的形式向专家们提出，得到回答后，把各种意见经过综合、归纳和整理再反馈给专家，进一步征询意见，形成比较集中的预测结果。由此可见，德尔菲法具有匿名性、反馈性和统计性的特点，因而预测的可靠性高，但时间长，工作量大，费用高。该方法的主要形式是调查表，表内要提出预测目标、实现目标的各种手段或方案，表内提出的问题力求明确、清楚和简单。为了使专家们对所预测的问题有一个共同的认识起点和基础，要向专家们提供有关的预测事物的背景材料，并且要求预测组织者不带任何主观倾向和个人意见。专家人数根据预测问题的规模而定，一般以10～40人为宜。

（四）用户调查法是直接向消费者调查的方法

例如消费者对产品有哪些新的需求？需求量有多大？对产品品种、规格、质量、价格有什么需求？调查的结果可预测出市场潜在的需求量。用户调查方式很多，如个别交谈、书面征询、电话交谈、开座谈会等。

二、定量预测方法

定量预测法是利用历史和现实的数据统计资料或经济现象的相关联变量之间的关系，选择适当的数学模型对未来市场需求及其发展趋势所做出的定量预测。定量预测方法主要有时间序列预测法和因果关系预测法。

（一）时间序列预测法

时间序列预测法就是将市场需求量、销售量、价格、利润等同一变数的一组观察值，按时间顺序加以排列，分析其变动趋势，并加以延伸，确定市场预测值的方法。这种方法适用于市场比较稳定，价格弹性较小的产品，特别是短期预测更为适用。

（二）相关分析预测法

相关分析预测法是以影响因素为自变量，以研究对象为因变量，根据历史的数据资料，预测研究未来数量及其发展趋势的预测方法。相关分析预测法又包括很多具体的方法，其中应用最广泛的是一元线性回归分析法。一元线性回归法是利用一个自变量与一个因变量之间的线性关系进行预测的方法。其方程式为：

$$y = a + bx$$

式中：y 为因变量；x 为自变量；a 和 b 为回归系数。当 b 为负值时，两个变量按相反的方向变动，当 b 为正值时，两个变量按同一方向变动。

第三节 农业经营决策

一、农业经营决策及其重要性

决策就是人们为达到解决某一问题的目的，对行动上所要采取的策略、办法，经过运筹谋划，作出最后的决定。决策理论是第二次世界大战后，在西方经济发达国家首先产生和逐步发展起来的。该理论的主要创始人是美国著名的经济管理学家赫伯特·西蒙。

农业经营决策是指农业企业通过对其内部条件和外部环境进行综合分析，确定企业经营目标，选择最优经营方案并付诸实施的过程。在现代农业经营管理中，经营决策是经营管理的首要职能和核心，是提高企业管理水平和经济效益的关键。

经营决策是一种综合性的经营艺术。它是行动的先导，是经营成败的关键，是管理的核心和基础，是最重要的管理职能。懂生产、会经营、善决策，是企业管理人员必须具备的才能。因此，管理人员，尤其是领导者，必须重视决策，掌握决策的理论和方法，以便做出正确的决策，指导企业不断开拓前进。

二、农业经营决策的类型

不同类型的决策，其决策的内容和方法是各不相同的。为了进行有效的决策，首先必须分清企业决策的类型，然后根据决策的内容，遵循决策的原则，按照科学的决策程序，针对性地选择决策的方法。农业经营决策可以从不同的角度进行分类。

（一）按决策问题的性质不同分类

（1）战略决策，是涉及全局性、长期性问题的决策，是企业适应外部环境而作出的重大经营决策。这种决策一般涉及面大，影响深远，不仅与企业的当前经营有关，而且决定企业未来的发展方向。如产品开发、技术改造、市场开拓、企业转向、人力资源开发等重大决策。

（2）战术决策，又称管理决策或策略决策，是指为了实现企业的战略决策，对所需的人、财、物资源进行有效组织、协调的各项具体决策。如作物布局、财务决策、定价决策、销售渠道决策等。

（3）业务决策，又称日常管理决策，是为了实现战略决策和管理决策的具体方法和手段，是在一定的管理体系基础上，为了提高生产和工作效率所作出的各项决策。如人员的调度、任务的分配、订货经济批量决策等。

（二）按决策问题所处条件与所产生的后果不同分类

（1）确定型决策，又称肯定型决策，是指每一种可供选择的方案所需要的条件和未来状态完全已知，对每一种方案实施后果也能计算确定，可以在比较中做出肯定择优的决策。

（2）非确定型决策，又称不肯定型决策，是指各方案所出现的结果不确定，而且不能预计其出现的概率，因此只能靠决策者的经验和主观判断而作出的决策。

（3）风险型决策，这种决策各方案的条件大部分是已知的，出现的结果却不能确定，但这种不确定的结果出现的概率又是可以预先估计的。决策的最后结果受概率的影响，而且这种概率是事先预测的，实际情况的出现不一定完全和概率相符合，所以这种决策带有一定风险性，故称之为风险型决策。

（三）按决策事件重复出现的程度不同分类

（1）程序化决策，又称常规决策或例行决策，是指对经常重复发生的事件，已经具有了处理的经验和方法，可以按常规办法进行的决策。如日常订货决策、退货的处理、服务的规定等。它的特点是影响决策的因素有规律性，可以建立一定的程序做出决策。

（2）非程序化决策，又称非常规决策或例外决策，是一种没有常规可循的决策，也是一种对不重复出现的例外性的事件所进行的决策。它受许多变化因素的影响，不可能建立起固定的决策模式，常常需要依靠决策者的知识、经验、掌握的信息和对未来发展趋势的判断能力作出决策。如新产品的研究开发、企业的并购与重组、工程投资等。

（四）按决策所要达到的目标的数量不同分类

（1）单目标决策，是指决策所要达到的目标只有一个。如资金筹集的决策是为了获得所需资金；某一广告决策是为了扩大销售量等。这种决策问题单一，容易掌握和作出抉择。人们一般着重于单目标决策。但它有局限性，强调一点时，容易以偏概全。例如调度决策往往会片面追求产量的完成目标而忽视质量、成本等目标。

（2）多目标决策，是指所要达到的是互相联系、互相制约的多个目标。例如，要提高经济效益，不仅要考虑产量、产值，而且还要考虑成本、消耗、质量等指标，这就要进行多目标决策。但是，多目标决策也不能不分主次，目标太多，没有中心，反而会引起决策失误。

三、农业经营决策的内容

农业企业经营决策的内容十分广泛，概括起来主要有以下几个方面。

（1）生产决策，主要是确定企业生产经营方针、发展方向、生产结构、生产规模、资源的合理配置与技术措施的选择等。

（2）营销决策，是指企业识别、分析、选择和发现市场营销机会，以实现企业经营目标的一系列活动过程。主要包括市场调研、预测、产品市场定时定位决策，产销量、分配路线和销售方式决策，销售促进技术和市场营销组合决策，价格决策，竞争战略、售后服务和其他销售业务决策等。

（3）财务方面决策，主要包括资金筹集决策，即如何为企业筹集所需资金的决策；投资决策，即把能动用的资金投向何种生产经营活动的决策；对投入生产经营过程中的资金如何使用的管理决策等。

（4）研究开发决策，主要包括市场开发、产品开发决策，新技术、新工艺开发决策，人力资源开发、智力开发决策等。

（5）组织人事方面决策，主要包括企业组织机构设置、权责分工、组织人员配备及干部任用考核、任免和培训等方面的决策。

（6）其他方面决策，包括职工聘任的决策，激励机制和思想教育、职工福利事业的发展决策，以及环境保护的决策等。

四、农业经营决策的原则

农业经营决策是农业企业经营管理的核心和基础，决策的正确与否直接关系到企业的生存和发展。为了使决策科学化，应遵循以下原则。

（一）可行性原则

农业企业的生产经营决策既要考虑企业的发展目标，又要考虑企业的现实条件；既要考虑企业的自身利益，又要考虑社会利益。决策时，要对各方面的因素进行综合分析，根据需要和可能做出决策，使决策方案做到切实可行，切忌盲目草率决策，给企业带来严重的后果。特别是对农业产业结构的调整、区域布局的优化、主导产品的选择、重大投资项目、技改方案以及生产周期长的种植、养殖项目的决策，必须瞻前顾后，从长计议，遵循自然法则和经济规律的要求，立足自身实际，充分考虑农业企业的自然资源条件和经济技术条件，在此基础上进行科学的经营决策。

（二）科学性原则

决策活动是人们在认识客观世界的基础上，改造客观世界的重要活动和自觉行为。决策的科学性原则，是决策活动最根本的原则，它集中体现了决策活动的本质。农业经营决策必须坚持实事求是的态度，进行广泛的调查研究，提出足够的科学依据，进行综合分析论证，认真对待决策过程中的每一个环节。尤其是战略性决策，如农业经营方向和目标的确定、农业产业结构的战略性调整、农业现代化的路径选择、重大农业投资项目的决策等，更应通盘考虑，切忌主观臆断，克服决策的盲目性、随意性、片面性，提高自觉性。

（三）经济性原则

决策活动是人们为了获得对自己有利的结果而进行的一种创造性活动。因此，在决策活动中必然要付出一定的代价，从事决策活动的人员要支付一定的时间和精力，要支付调查费用、计算费用和会议费用等。决策的经济性原则要求对决策费用和决策效果进行对比分析。所以，农业企业的经营决策必须考虑其决策的投入与产出，通过人们创造性的劳动，做到费用最低、效益最好。

（四）时效性原则

农业企业的生产经营活动不仅受自然环境的影响，而且还受社会经济环境特别是市场环境的影响。由于农产品市场瞬息万变，机会和风险共存，企业决策者必须经常了解市场。掌握市场动向，善于在千变万化的市场环境中，及时捕捉信息，把握机会，迅速做出反应，以便在激烈的市场竞争中比竞争对手率先采取对策，制订新的经营战略，按照市场走势、价格变化及竞争对手的情况及时调整经营战略、产品结构，抢占最有利的市场时机。

（五）灵活性原则

农业企业在生产经营过程中，常伴有许多不确实因素，如市场供求的变化、竞争对手的战略调整、自然气候条件的变化等。这就要求企业的决策必须留有调节的余地，保持足够的弹性，以便适应变化不定的情况，应付各种可能出现的情况，防止自然灾害的袭击。

（六）民主性原则

企业决策成败的关键，取决于人们的预见、判断、经验、智慧和创造力，而任何个人的智慧、经验、能力总是有限的。决策者要善于引导群众发表不同意见，集思广益，提出方案，通过分析比较，进行择优选择。事实上，只有在群策群力、集思广益的情况下做出的决策，才能使全体成员自觉执行、积极响应。

五、农业经营决策的程序

决策程序是指从问题提出到定案所经历的过程。一般而言，决策过程包括以下几个步骤。

（一）发现与诊断问题

通过调查研究，发现问题并对问题的症结及其产生原因加以确诊，才够针对问题确定决策目标。常用的方法是将事物应有现象和实际现象加以对比，从中发现有什么差异？何时发生？何处发生？以便对问题的性质、特点、原因、程度、范围、后果等有一个系统的认识，并予以确认。如果对问题的认识模糊不清，就无法确定决策目标。

（二）调查经营情况，提出经营问题

经营决策是为了解决经营过程中提出的需要解决的问题。所谓经营问题是指企业在经营上实际达到的状况与应当达到或期望达到的状况之间存在的差距。决策者要在全面调查研究、系统搜集环境信息的基础上发现问题，并抓住问题的关键要害，这样才能制订正确的决策目标。

（三）确定经营决策目标

决策目标是指在一定的环境和条件下，根据预测所能得到的结果。决策目标是拟订、选择、执行检查和优化方案的依据。正确确定决策目标的要求是：

（1）确定目标以存在的问题为前提。

（2）决策目标的含义和实现期限必须明确、具体。

（3）目标建立在既有约束需要，又有实现条件的基础上。

（4）目标尽可能定量化。

（5）当决策目标是多目标时，要区分主次。

（四）拟订经营决策的可行方案

经营决策的可行方案是指能够解决某一经营问题，保证经营决策目标的实现，具备实施条件的经营决策方案。在经营决策过程中，必须拟订多个可行的方案，以便择优选择，减少决策的失误。拟订多种方案，以供选择。没有两种以上可供选择的方案，就没有决策，多谋才能善断。因此，要充分发挥群众的创新能力，实行领导、专业人员与群众三结合，集思广益，从不同角度、不同途径设想出各种可能性方案，以供比较与选择。开始时方案越多越好，经过"是否有用"和"是否可能"这两方面的筛选，最后形成一个既可行又高效的行动方案。这一最终方案的确定，是经营决策过程的又一关键程序。对各种方案进行评价的依据是决策目标。评价与选优的方法，主要是根据过去的经验和借助数学分析的方法。必要时还可以进行试点，以便取得经验，作为最终决策的依据。

（五）对可行方案进行评价和选择

指对选出的多个可行方案，在进行全面、详细评价的基础上，从中选出一个认为满意的方案作为决策行动方案。这一环节是决策的关键，在选择和评价方案时要解决好以下3个问题。

（1）能否在较高程度上实现预定的决策目标。一项决策行动的结果越接近于预定的决策目标，那就表明决策的合理性越高。当决策目标具有多个目标或一个目标需要通过多个指标来反映，而每个决策方案对不同目标的作用程度是不同的，这就必须根据企业所处的环境条件和决策的价值前提，分清目标的主次，把主要目标作为考虑的重点。

（2）选择方案时还必须考虑方案实施所需付出的代价与可能带来的效果的比值，即成本收益比。以尽可能小的代价换取尽可能大的效果，从而实现最好的决策效益，这是方案选择中的经济性标准。

（3）合理的决策要妥善处理好正面效果与负面效果，以及效果与风险之间的关系。任何决策方案在带来实现预定目标所希望的正面效果的同时，往往也可能引起所不希望的各种负面效果。因此，在选择最优方案时，需要从正、负两方面作全面的衡量和评价，这样才能避免产生决策的不良后果。

决策方案的选优方法通常有3种：一是经验判断法，即依靠社会实践经验来评选最优方案；二是数学分析法，即利用数学模型进行方案定量计算，模拟经济活动，从而进行方案择优；三是模拟试验法，即通过科学试验和实际实验进行方案择优。无论采用哪种选择方法，都要注意资料的客观性、时间地点性、数字准确性和一定的针对性。

（六）实施决策方案

决策的制定并不意味着决策过程的结束。决策实施与反馈是决策程序中不可缺少的组成部分，决策的制定和实施结合起来，才构成科学决策的全过程。实施和反馈的有效做法是建立各种形式的经营管理责任制，将决策目标分解落实到各个执行单位和个人，作为预期的任务完成。在实施过程中，要跟踪检查，及时发现问题，及时反馈，以便迅速纠正偏差，以保证决策目标的实现。

第四节　农业经营决策方法

随着决策理论的发展，人们创建了许多有效的经营决策方法，归纳起来也可分为两大类，即定性决策方法和定量决策方法。定性决策方法是指人们利用已有的知识、经验和分析判断能力，完成决策活动全过程的方法。定性决策方法运用简便灵活，不需要高深的数学知识，省时省力，省费用，便于普及和推广，又有利于群众参与决策，保证决策的顺利执行，但主观性较强，分析论证不够严密，对一些技术要求比较高的决策事件无法提供准确的预测结果。加上个人之间的意见有时偏差较大，所以不易得出综合性的意见。定量决策方法需要大量的农业生产经营数据，通过数学方法对数据进行科学的加工整理，借以揭示农业生产经营投入与产出等相关变量之间的规律性联系，用于预测和推测农产品市场未来发展变化情况。

常用的定性决策的具体方法有：头脑风暴法（或称畅谈会法），即召开5～10人的专家会议，就某一决策问题，鼓励人们提出创造性建议，探寻有创新内容的方案；对演法，即拟订方案的人和持不同意见者，面对面展开辩论，各述其长，互攻其短，以充分暴露各方案的矛盾；专家意见法（即德尔菲法）。

定量决策方法是指运用数学模型，根据决策条件，通过定量计算的结果选择决策方案的方法。不同性质的决策，采用的定量决策方法也有所不同。

在实际工作中，由于经营存在着复杂性、多变性，通常将定性决策方法和定量决策方法结合起来使用。下面主要介绍几种不同的决策类型常用的一些定量分析方法。

一、确定型决策的定量方法

确定型决策的择优法则是收益极大值或投入极小值法则，即从若干可供选择的方案中找出收益极大者或投入极小者为最优方案。

（一）直观判断法

直观判断法就是从已有定量分析资料中，直观、方便地选择最有利的方案作为决策方案。

（二）线性规划法

线性规划法是一种在满足一定约束条件下，通过合理利用资源、合理配置资源，使预定的目标达到最优的应用数学方法。

（三）盈亏平衡分析法

盈亏平衡分析法也叫量本利分析法。它是根据产品的产销量，成本与利润三者之间的关系来分析企业的盈亏情况，并进行方案择优的一种方法。其基本原理是：按照生产中各项费用的消耗与产销量的关系，将总成本分为固定成本与变动成本。固定成本是在一定期间内，当企业产销量变化时其总额保持不变的成本，如折旧费、租赁费、利息支出和一般管理费等。变动成本是指随产销量的增加而同步增加的费用或成本，如直接人工费、原材料消耗等费用。单位产品的原材料消耗等变动成本是相对不变的，当产销量增大时，单位产品成本就会因单位产品所分摊的固定成本的减少而降低；反之，当产销量减少时，单位成本就会提高。这样就必然在盈利与亏损之间存在一个平衡点，即指企业不盈不亏时产量或销量等指标的分界点，又称为保本点。

（四）差量收益分析法

差量收益分析法是通过计算两方案的差量收入与差量成本，分析比较方案之间的差量收益，并据以作出判断决策的一种确定型决策方法。

差量收入是指以一种方案为基准，采用另一种方案，在收入上将会形成的差额。

差量成本是指以一种方案为基准，采用另一种方案，在成本上将会形成的差额。根据这个定义，可以得出这样的结论：在短期经营决策中，对于沉没成本，即企业过去为取得固定资产所有权已经付过的资金，永远是无关成本，不必考虑；对于准备购买的固定资产在实际购买和使用前的支出，仍算是差量成本。

差量收益=差量收入－差量成本

二、非确定型决策的定量方法

非确定型决策的择优法则有许多种，现举例说明。

【例5.1】设某农业企业一块土地，在不同的自然状态下，实行不同的种植方式，其单位面积产量如表5-1所示，试运用不同的方法进行决策。

表5-1 不同种植方案下的损益值 （单位：kg）

项目	方案A	方案B	方案C
旱年	800	675	900
平年	550	800	650
涝年	950	600	775
每列最小值	550	600	650
每列最大值	950	800	900

（一）悲观法则

悲观法则也称小中取大法则，它是以最坏的结果出现为假设前提进行的决策。这种决策方法是从每个方案的各种自然状态下的损益值中找到最小值，如本例中分别为550，600，650；然后从中选择一个最大值，即650，其对应的方案C就是决策方案。这种选择法则的结果是，即使遇到最不利的年景或自然状态也能获得较多的产品。这种决策方法是一种比较保守的决策方案。

（二）乐观法则

乐观法则也称大中取大法，它是以最好的结果出现为假设前提进行的决策。这种决策方法是从每个方案的各种自然状态下的损益值中找到最大值，如本例中分别为950，800，900；然后再从中选择一个最大值，即950，其对应的方案A就是决策方案。这样，如遇到最有利的自然状态，可以得到最多的产品。

（三）折中法则

折中法则是悲观法则和乐观法则的折中。首先根据经验判断，确定乐观系数a（0≤a≤1），则悲观系数是1-a，然后以乐观系数为权数计算每一方案的折中损益值，其中最大值对应的方案即为决策方案。

折中损益值=a×（最大损益值）+（1-a）×（最小损益值）

在本例中根据经验判断，选择乐观系数a=0.4，则各方案的折中损益值如表5-2所示。

表5-2 各方案的折中损益值 （单位：kg）

方案	最大损益值	最小损益值	折中损益值
A	950	550	（950×0.4）+（1-0.4）×550=710
B	800	600	（800×0.4）+（1-0.4）×600=680
C	900	650	（900×0.4）+（1-0.4）×650=750

在表5-2中，方案C的折中损益值最大，故它是决策方案。

（四）懊悔值法则

懊悔值法则又称大中取小法则。所谓懊悔值，是当决策人未采用最大收益方案时所遭受的机会损失，令人追悔莫及。它等于各种自然状态下的最大损益值减去各方案的损益值后的余额。

本例中具体做法是：先计算各种自然状态下各方案的后悔值，即表5-1中每行最大损益值分别减去该行其他损益值的差额，如表5-3所示，然后找出各方案的最大后悔值，分别为400，200，250，最后从中选择一个最小的懊悔值，即200，其对应的方案B就是决策方案，采用这一方案时，即使遇到最不利的状态，所造成的机会损失也是最小的。

表5-3 懊悔值计算表 （单位：kg）

自然状态	方案A	方案B	方案C
旱年	150	125	0
平年	400	0	250
涝年	0	200	125

（五）机会均等法则

机会均等法则又称拉普拉斯法则。这种法则以各种自然状态出现的概率均等的假设为前提，按均等概率计算出各方案的期望值，其计算过程如下：

（1）计算均等概率

$$均等概率=\frac{1}{状态数目}=\frac{1}{3}$$

（2）计算各方案的期望值

$$方案A的期望值=（800+550+950）\times\frac{1}{3}=766.67\approx767$$

$$方案B的期望值=（675+800+600）\times\frac{1}{3}=691.667\approx692$$

$$方案C的期望值=（900+650+775）\times\frac{1}{3}=775$$

（3）从3个方案期望值中找出最大值其对应的方案为决策方案，本例中方案C为决策方案。

三、风险型决策的定量方法

利用风险型决策方法进行方案选优，首先要根据已知概率计算每个备选方案的期望值，然后选出期望收益值最大者或期望损失最小者为决策方案。它不同于机会均等法则，在计算期望值时，机会均等法则依据主观概率，即由决策人的经验判断而估计某个事件出现的概率，风险型决策是依据客观概率，即根据某一事件的历史资料而计算出来的概率。

四、多级决策与多目标决策

（一）多级决策

多级决策就是在未来事件发展的每一个阶段都要作出决策，并在此基础上选择最优方案。对于复杂的决策过程、决策对象，它们都是由若干相互联系的阶段组成的，其中每一个阶段往往有若干个方案可供选择，从而构成一个决策序列，只有通过多级决策，才能选出最优方案。多级决策常用的方法有决策树分析法、动态规划等方法。

（二）多目标决策

在决策实践中，有很多决策是多目标决策。如购买农业机械时要求适合农艺过程、购置费用和使用费用低、维修方便；在选择生产方向时要求产品有市场需求、产品投入少、产量高等。这些要求中，有的互相矛盾，有的采取不同的计量单位，有的甚至难以直接计量，从而对决策目标的设置、决策方案的评价带来困难，因而应对多目标决策进行研究。多目标决策的处理过程如下：

（1）确定主要目标先列出决策目标，然后把各目标进行分类排队，确定出主要应达到或必须应达到的目标。农业企业在农业机械的购置中，确定主要目标的依据有两个：一个是农艺过程及质量要求；另一个是购置和使用成本问题。在进行种植方式决策时，确定主要目标的约束条件会变为企业的资源约束和农时约束。因而值得注意的是不同的决策对象，其决策主要目标不同；不同企业的资源状况也可能会形成决策目标的差异。如同购买农机这一决策活动，对不同经济实力的企业来说，决策的主要目标有可能不同，经济实力差的企业可能把成本目标作为主要决策目标而兼顾工艺要求；而经济实力强的企业可能把满足工艺要求作为主要决策目标而兼顾成本目标。

（2）确定目标序列在多级决策中，由于各级决策的相关性，需要确定决策目标序列。

（3）多目标方案的选择这是多目标决策的一个重要环节。首先应用强制制订法，即一对一重要性对比评分法确定各目标的权数；然后根据各方案对目标的满足程度分级评分；最后，按加权平均方法汇总各方案得分，总分最高者为中选方案。

第六章 农产品市场管理

第一节 农产品市场营销现状

农产品市场营销是指为了满足人们的需求和欲望而实现农产品潜在交换的活动过程。农产品营销是指农产品生产者与经营者个人与群体在农产品从农户到消费者的流通过程中，实现个人和社会需求目标的各种产品创造和产品交易的一系列活动。农产品市场营销的主体是从事农产品生产和经营的个人和群体。农产品营销活动贯穿于农产品生产和流通、交易的全过程。农产品市场营销概念体现了一定的社会价值或社会属性，其最终目标是满足社会和人们对农产品的需求和欲望。

一、农产品市场的现状

（一）农产品市场发展如雨后春笋

随着经济的发展，中国农产品逐渐走向市场化，而且市场也逐渐成熟且具有相当大规模，数量和成交总额也在不断攀升。大中城市80％以上的农产品交易主要靠农产品批发市场提供，现在正逐渐从数量扩张向质量提升方面转变。流通规模的壮大，市场硬件设施的改善，以及商品档次的提高，都是农产品市场发展迅速的主要原因。

（二）农产品市场的主力地点集中在批发市场

虽然农产品市场发展迅速规模庞大，但是主流的交易地点还是在农产品批发市场。大多菜贩和菜农会将农产品发往批发市场进行销售，其主要原因在于批发市场的销售量会大幅提升，间接节约了农产品的周转和销售时间。

（三）农产品中介活跃在市场各个角落

农产品市场的发展必然会有中介的产生，现今市场上农产品购销的主体正在发展壮大，一些中介组织使得单户农民的小规模生产能够与市场实现对接，改变了过去生产和营销脱节的局面，有效地缓解了农产品难卖的问题。

二、农产品市场营销存在的问题

（一）生产规模小，数量多

当前我国农村大部分农产品是一家一户生产，而且很多产品都是自产自销，由于农民知识水平有限，缺少对产品市场的调研，许多农民对农产品的选择都是抱着试一试的态度，先种植少量的作物看看经济效益好不好，然后再决定是否大面积种植。然而有些作物在市场上每年的销售情况都不一样。像在头年销售顺畅的农产品在第二年就大不如以前，这样就容易导致农民种出的大量农产品不能适应市场的需求。

（二）缺少合作化生产模式，导致产品质量参差不齐

我国大部分地区的农作物品种单一，缺少自己的特色产品，小农经济式的生产效率和农具的使用效率都很低，从而使得农产品质量没有保证。各种污染以及大量农药化肥的使用严重影响了农产品的质量。同时，加上农村受到科技条件的制约，在农产品生产、加工、流通、质量检测、标识管理等环节都缺乏一套严格而完整的标准和市场监管制度，造成农作物在市场之上销售困难重重。

（三）销售渠道单一，主要以初级产品为主，缺少深加工产业

从农产品的主要销售渠道来看主要分为两种：一是菜农自己到市场零售。二是农民将农产品卖给收购商贩。这两种方式中第一种虽然要比第二种的收入可观，但是这需要菜农投入大量的人力，物力。第二种渠道简单且省时省力，但是价格成了大多菜农不可接受的条件。从市场来看，主要是初级产品为主，初级产品技术含量低，销售价格低。经过深加工的农产品在价格之上不仅会有相应的提高，其销售量也会大幅提升，这样农民的收入就会得到相应的提高。

（四）农产品季节性强，产品运输、存储要求高，严重影响销售市场的扩大

农产品不同于工业产品，它有着明显的季节性，通常都是季节性生产，通过长期存储再反季节销售，如果存储条件达不到要求就容易造成腐烂变质，影响销售成本。目前我国农户经济实力有限，存储仓库难以建立，造成农产品成熟时大量农产品集中上市，使得农产品价格低廉，稍有不慎就会使农产品的大量积压给

农民带来巨大的经济损失。加上部分农产品的运输要求高，间接提高了运输成本，导致市场范围很难扩展，限制了农产品的销售市场，使得许多需求量大的地区农产品得不到供应。

三、目前我国农产品营销过程中遇到的困难

改革开放之前，由于我国是计划经济，农产品的生产是按劳分配的，所以不涉及也不存在农产品的流通和销售，更不存在农产品的营销。所以，这就导致国家层面对农产品的营销不重视，农产品的生产者对农产品的销售营销没有意识，就是个别有意识的也没有方法和思路。随着市场化经济的发展，农产品的多样化需求给农产品的营销带来了机会，但是由于根深蒂固的传统农业思维的影响，目前农产品的营销还是不完善，仍处于起步阶段，还是存在着很多亟待解决的困难和局限。

（一）从政府层面讲，政府在农产品营销方面的支持力度不大

由于我国农产品发展的历史原因，国家有关部门习惯了农产品的按劳、按量分配，导致缺乏推动农产品市场化的意识，在农产品市场营销的战略制订上基本是空白，在农产品营销管理上也是有很多漏洞。也就是说，不重视农产品的营销和推动其市场化，给予的基础设施支持力度不够，政策支持不够，国家也没有有力地发挥调节控制作用，导致农产品营销没有正确的方向可遵循，各地区稳中有各自发展，没有统一的安排和管理，都是关起门来自己卖自己的，因此发展起来比较混乱，没有秩序，效率很低。

（二）我国大部分的农民意识落后，不懂营销

这是现实存在的原因，我国绝大部分农民只会种地，文化水平低，综合素质偏低，只懂得农作物的种植流程，不懂销售，不懂营销，没有营销思维和营销意识，导致农产品生产出来都是贱卖，创造不了营销的价值。再加上农村本来就基础设施落后，交通条件落后，信息落后，农产品在生产出来没有条件进行满足市场需求的加工与再加工，甚至没有条件把农产品在第一时间运送到市场，这都是农产品营销难的重要原因。

（三）农产品没有自己的品牌

我国农产品多数重视生产，忽视销售，农产品的品牌少之又少。品牌是非常有价值的，有自己的品牌才有利于扩大知名度，促进农产品营销更快、更好地发展。我国农产品虽然种类繁多，但是没有几个知名的品牌，消费者认识不到位，甚至对我们的产品没有认识，就导致农产品没有市场竞争力，流通慢，销量低，打不开知名度，使农产品推向市场的难度加大。

（四）农产品自身的特点导致的营销困难

农产品的生产不像加工的其他商品，不受季节、天气环境变化的影响，农产品的生产种植受外部环境的变化非常大，不同季节农产品的种类不同，天气环境也会导致农产品的产量不同，不同种类的农产品不集中，都是分散在全国不同的各个地区。以上的众多原因导致农产品不好统一收购加工，也不能定时定量地进行收购加工。这就导致跟不上市场需求的变化，不能为了充分满足市场发展的需求而有方向性、目标性地进行生产加工，导致很大的滞后性。

（五）农产品的生产加工和营销之间缺少相互联系的纽带

我国存在一部分帮助农民销售农产品的中间环节，但是这些中间环节的建立健全还非常不完善，利益性和目的性太强，保护不了广大农民的切身利益，再加上农民的思想意识比较落后，这就使得农民宁愿低价出售自己的农产品，也不愿意依靠这些中间商。加之国家对于中间商组织的管理不到位，规范不严格，所以造成整体的农产品流通环节滞后，不能很好地将各个环节结合、配合起来高效运转。

四、解决农产品市场营销的方法

（一）鼓励农民集体合作，进行规模化、专业化生产

要想保证有足够的产品数量，唯一的方法就是扩大种植面积，种植面积的扩大有利于制订长远的营销策略，保证经济的平稳性。农民通过集体合作生产，可以充分发挥个人优势，充分利用劳动力进行规模化、专业化生产，在提高农产品数量的同时还提高了农产品的质量。

（二）拓宽产品的销售渠道

目前制约着农产品销售的主要因素在于销售渠道单一和产品流通不畅，完善、建立新的销售渠道是增加农产品销售量的重要措施。首先，应该对当地的农贸市场进行规划，建立完善的农产品仓库、运输、质量检测和信息沟通等方面的工作。其次，根据当地农业发展的情况适当扩充和新增一些中小农贸市场，从而能够充分发挥农产品集散地的作用。加强质量管理，同大型超市连锁餐饮业合作等也是一条必不可少的销售渠道。利用网络传播进行营销，不仅没有时间地域的限制，还大大降低了宣传成本，同时信息传播快且遍布范围广。

（三）加强科学技术的引进，树立自己的品牌

科学技术的引进不仅提高农产品的质量，还提高了农产品的价格，既能增加农产品的存储周期，还能克服农作物的季节性，农产品在反季节销售不仅价格高

而且销售火爆，市场供不应求。充分运用品牌效应，建立自己的品牌，对于农产品的销售也是一个很好的渠道。

五、农产品市场营销的创新

（一）农产品市场经营观念的创新

随着农产品相对过剩时代的到来，客观上迫切要求农业产业化经营系统抛弃农产品运销观念，确立以市场需求为中心的现代农产品市场营销观念。农产品市场营销是一个比农产品运销更为广泛的概念，农产品市场营销要求农产品生产经营者不仅要研究人们的现实需求，更要研究人们对农产品的潜在需求，并创造需求。农产品运销观念强调的是以自己的生产为前提，如何把生产出的农产品运输出去并完成销售，考虑的是如何把产品变成现金。农产品市场营销观念考虑的是如何通过生产、传送农产品以及与最终消费农产品有关的所有事物，来满足顾客的需求。顾客的需求是农产品生产经营者的出发点、中心点和归宿点。

（二）农产品营销战略与策略的创新

农产品市场营销围绕目标市场需求的变化，综合地运用各种营销战略与策略，通过比竞争对手更加有效地满足目标市场的需求来实现企业增长和利润的实现。这就要求农业产业化经营系统充分运用现代市场营销的"10PS组合（市场调查、市场细分、市场优先、市场定位、产品策略、价格策略、渠道策略、促销策略、政治权利和公共关系）"。

农业产业化经营必须源于对农产品消费需求的深入调查和细致研究，通过市场研究，发掘潜在需求，捕捉市场机会。根据一些细分变量来分割市场，进行比较、评价，选择其中一部分作为自己为之服务的目标市场，针对它的需求特点开发适宜的产品，制订合适的价格、渠道、促销策略，实现产品的既定目标。由于农业是弱质产业，比较利益低下，资金紧张，农业产业化经营系统一般难以进行大规模的宣传和促销，往往还要依靠"政治权利"和"公共关系"这两个策略。一方面，积极利用政府力量，获得宣传支持，引导百姓消费，扩大有效需求。另一方面，农业产业化经营系统应积极参与社会活动，改善与社会各界的关系，树立良好的形象，获得社会的关心和支持，通过公共关系运作达到宣传促销的目的。农业产业化经营系统还可以利用报纸、电视台等大众媒体以及其他社会机构为农产品营销创造有利的外部环境。

（三）农产品品牌决策与管理的创新

品牌管理是指通过创立一个好的品牌，培育品牌、扩张品牌和保护品牌，奠定品牌优势，塑造驰名品牌，积累品牌资产。品牌管理过程实质是一个就品牌资产的各个方面的内容进行有步骤的规划和创新的过程，其根本目的就是塑造高资产的品牌。

开创知名品牌是解决农产品销售难和提高农民收入的根本途径。随着农业产业化经营的开展，很多企业开始意识到品牌的重要性，越来越多的农业产业化经营系统开始有意识地应用品牌策略。事实上，农业产业化的过程就是一个依靠品牌优势，逐步建立农业产业规模优势，最终使农业产业得到进步和完善的过程。没有农产品品牌的创立和扩张，没有农产品品牌的优势，就不可能有农业产业化经营的健康发展，也就不能彻底解决农产品销售难的问题，以及农业增产而农民却不增收之间的矛盾。

六、互联网时代我国农产品营销新思路——微商新模式

微商，既是一种新型的营销方式，也是一种新型的商业生态。它构筑一个有机的平台，将卖方、买方通过移动互联现代化方式实现连接。而"微信电商"是微商最常见的一种，它是以微信朋友圈为平台的社会化移动互联社交电商模式。"微信电商"主要依靠微信朋友圈动态展示进行销售，这是微商的起步阶段，但这一阶段占到微商的90%左右。

同时，线上化、社群化、平台化、数据化已成为产品营销共有趋势，农产品也不例外。农产品作为微商经营的一种特色产品，除了一般商品所具有的共性之外，还具有农产品生产的季节性。

在一个十几亿人口饮食生活产生的巨大消费市场，农产品电子商务的发展已经势不可挡。模式多样且不断创新的农产品电商正在逐渐渗透消费者的生活，改变人们的消费观念和习惯。如何进一步激发消费者的购买意愿，增加已有客户的黏性，不断拓展新的客户群，微信依托其区别于其他社交媒体营销平台的独特优势迅速成为企业营销过程中炙手可热的营销工具。

随着我国互联网科技的不断进步与发展，微博、微信逐渐被更多的人使用，成为人们日常生活中不可缺少的一部分。近年来，移动互联网催生了一种新型的商业模式——微商，从最开始刷屏朋友圈的面膜，到服饰再到其他商品，微商开始深植我们生活中的方方面面。近几年，农产品利用移动互联网的特性，成功引爆了朋友圈，让无数生鲜农产品成功走出大山，走向城市。

（一）特点

飞速发展的移动互联网正在改变着人们的生活形态，越来越多的PC用户向移动终端转移，用户的消费方式变得更加便捷，交流沟通更加随心。目前，微信作为国内用户规模最大的移动即时通信软件中的佼佼者，已成为企业移动营销的重

要阵地。

（1）利用用户的碎片化时间

移动终端的普及和移动互联网技术的发展使用户可以随时随地在线进行搜索、下单、分享等行为，这在各个城市中尤为明显，人们在等公交、坐地铁、排队取餐等时刻，看视频、朋友圈已成为常态。微信营销可以通过占据消费者的碎片化时间，将信息传送给用户，引起他们的关注和兴趣。

（2）个性化服务

现在及未来的网络用户越来越追求个性化的定制服务，企业对消费者类型的划分愈加细化，对于营销，已经迎来了一个个性化精准化的时代，微信点对点的沟通方式，使用户可以随时随地阅读信息，且不被他人打扰。微信公众平台可以根据用户的地理位置、阅读时段和信息需求，为其提供精准的定制化推送，这些特点要优于其他泛社会化媒体营销。

（3）信息传播方式多样化

微信不仅可以发送文字、图片，还可发送语音消息，增加了亲近感，从而拉近与用户的距离。企业在利用微信为客户提供咨询服务时，可利用语音功能与其进行实时对话，语言和情绪的双重信息传递使服务人员能够更准确地捕获客户需求。

（二）农产品的微信营销优势

（1）庞大的用户群体

移动互联网环境和技术的日趋完善使用户可以随时随地上网接收并发布信息，庞大的用户规模，使微信成为一个极具商业推广价值的平台，利用微信进行农产品的宣传推广，比电视广告、网站广告投放等方式更易得到消费者的关注。

（2）实现精准营销

在用户基于自身兴趣，主动关注农产品微信公众号后，用户对推送信息的排斥率会明显降低。微信公众号后台对关注用户的数量、属性、使用行为等数据的统计分析，使企业能更加具体地了解用户需求，实现精准营销。

（3）实时沟通交流

微信营销区别于传统网络营销的新优势在于其改变了以往营销信息的单向流通，为企业和顾客提供了一个互动交流的平台。顾客可以随时随地向农产品销售者咨询、反馈，一对一的服务更具人性化，图片、语音等多种信息形式的即时传递使交易双方的沟通具有时效性，大大降低了企业的营销成本，提高了资金利用率。

（4）关系营销

微信是一个基于强关系的社交平台，其通信录中的联系人大部分都是现实中真实存在的社交圈，基础信任度很高，是口碑传播的有利条件。在消费者对食品安全愈加重视的时代，朋友圈中对产品的信息分享，使企业更易获得新客户，发展具有更高忠诚度的客户群。这种隐形营销方式不仅可以培养用户的信任感，还能提高用户对产品的认可度。

（三）农产品微信营销的模式

第一，农产品企业可以利用查看附近的人、漂流瓶和扫描二维码来为产品宣传造势，提高产品知名度，令消费者对产品产生熟悉感，激发消费者的兴趣，进而会深入了解产品并产生购买行为的可能。

第二，在吸引消费者关注微信公众号后，工作人员可以在后台看到用户的性别、地域等详细信息，可以对他们的浏览、转发、分享等行为进行统计并分组管理。这样就可以对不同的客户群进行有针对性的信息推送，在保证每天推送信息内容差异化的同时，还要保持信息形式的多样化，确保收集精确的客户数据，分析客户偏好以调整推送信息时间和内容。

第三，对农产品的信息描述必须完整清晰，图片真实，根据市场环境的变动及时调整更新产品信息。客户可以在舒适的界面自行浏览相关产品介绍，快速了解农产品的产地、特质等详细资料，后台服务人员要与消费者进行及时的互动交流，满足客户需求。

第四，设计微信电子会员卡，在朋友圈植入广告进行转发，在朋友圈中收集点赞，用丰富新颖的激励手段促使客户将产品信息分享至朋友圈或其他社交媒体，这点非常重要。

保证农产品的高品质是所有营销方式的关键。没有高质量的产品，一切营销都是空谈，只会使客户流失得更快。随人们生活水平的提高和收入的增加，消费者对农产品的需求逐渐呈现个性化、优质化，但生产者和消费者间的信息传递不对称现象依然严重，农民丰产不丰收的悲剧比比皆是。微信营销是农产品营销方式和渠道的创新，农产品营销应该把握机遇，借助微信平台，利用消费者行为产生的大数据实现精准营销，扩大品牌知名度，突破传统农业营销的瓶颈。

第二节　农产品营销渠道管理

我国自古就是一个以农业文明著称的国家，在历史长河的演变推进中，随着人口的增长，所需要的农产品也不断增多，这就促使农产品不断地发展，其销售市场也在不断地扩张。但是，我国对于销售农产品的途径自古以来较为简单，这造成农产品的发展受到了一定的阻碍。因此，努力发展多种途径销售农产品是发展农业经济所要达到的目标，对于季节性和地域性的农产品来说，多样化的营销渠道可以促进商品的迅速买进卖出，这也相应地促进了农民加快农产品的生产来满足市场的需要，共同发展农产品市场。

一、农产品营销渠道的现状

（一）我国的农产品营销渠道

从市场调查分析来看，我国农产品营销的两大主体就是农民和批发商。在近几年来形势有所改变，不再参照以往的发展模式，而是发展成了农户和企业相协调的产业链，即由农户来进行农产品的生产，相关企业对生产出来的农产品进行加工和销售，两方合作共赢，不但促进了农户经济收入的提高，也促进了相关企业的规模的扩大，这种模式虽然能达到双赢的结果，但是目前来看，这种情况下的企业无明显的组织纪律性，往来消息准确度有待提高，这就导致农产品的滞销现象。另一方面，农户和企业之间缺少长期的合作观念，很难持续发展农产品市场。

（二）我国的农产品市场

我国的农产品市场随着科技时代的来临、农产品数量、质量的提升也在不断发展，但是其中仍存在一些问题。农产品市场虽然数量不少，但是质量却没有得到保证，一些市场没有形成的规模不说，在管理上也存在漏洞，没能够管理好下线的商贩，导致客户的需求无法得到满足。

（三）农产品的销售没有紧跟时代发展的潮流

目前所处的科技时代所带来的电子商务广泛应用在了市场销售方面，而农产品的销售依赖电子商务才能有更好的发展空间，可是在目前调查结果看来，我国的农产品营销仍旧沿用传统的营销方法，电子商务并不能很好地融入其中，传统方式的弊病也没有很好解决，这就使得买卖双方的利益难以平衡化，农产品信息的交流没有达到及时鲜、准确的标准，这也就阻碍了农产品销售的发展。

二、农产品营销渠道多样化的发展

（一）改善农产品营销渠道的状况

我国农产品营销渠道要想得到更好的发展，首先要注重的就是跟随时代发展的脚步，农产品营销主体的发展壮大使得农产品销售渠道也变得多样化起来，拉近农户与相关企业之间的关系，增强农户组织的组织管理观念，同时使相关企业也加大力度进行农产品的加工销售，实现农户和相关企业携手发展的产业链，以农户前期培育农产品为基础，相关企业进行营销为重要环节，不断密切农户与相关企业之间的关系，使得他们形成长期合作的观念，这不仅使农户的经济收入得到保障，而且使得企业也能够不断向前发展，真正实现双赢的局面而不只是简单的眼前利益。

（二）农产品市场问题的解决

我国目前的农产品市场有三种形式，分别为：小商贩的农贸市场、政府建立的农贸市场以及企业建立的农贸市场。首先解决的就是规范市场的秩序等管理问题，来达到顺利营销的目的。农产品市场的规范化管理有利于避免不良现象的发生，比如说缺斤少两的现象。对于农产品市场的各小商贩来说，要尽量规避商业风险所带来的损失，保障农户的经济收入，这就需要我们不断完善农产品生产、加工、销售等方面的农产品生产流程，保证农产品的数量和质量。另外，农产品的销售可以和超市进行对接，与超市和连锁店等建立一定的合作关系，新鲜的蔬菜、水果通过超市进行销售一方面能够保证农户的利益，另一方面也促进了超市、连锁店等的发展繁荣。

（三）农产品营销方式的优化

我国目前经济发展迅速，农产品的交易市场也开始向国际靠拢，而国外的产品进入中国市场的同时也在一定程度上影响了我们本土的农产品营销，这就要我们不断实现农产品营销方式的优化。现如今所火热的农产品拍卖交易也是一种营销方法，但是这个方法必须进行严格的审查监督，保证交易的公平进行，拍卖交易减少了复杂烦冗的中间环节，一定程度上保证了交易双方的利益。拍卖交易要实现全程透明、公开，能够让人们很好的接受。

现如今网上购物在人们的日常生活中普遍存在，足不出户便能够买到东西，这就使得农产品营销方式又多了一个途径，通过在网上进行农产品的销售，扩大了农产品的销售范围，但同时要保证农产品的新鲜度。目前利用科技的发展使得农产品的销售方式不再单一，多元化的销售方式使得农产品市场扩增发展。

（四）建立农产品的运输模式

农产品季节性、地域性的特点，往往一些农产品只能生长在特定的地方，然而物以稀为贵，在当地这种农产品广泛存在的情况下，销售便变得很难进行下去。因此我们需要进行农产品的运输销售，在此种农产品稀缺的地区，会增加人们的购买力度，达到产品的更好销售，这就要依靠物流运输。根据农产品的季节性和地域性建立物流运输模式，建立多个生产配送中心，保证农产品在生产、加工、销售过程的质量问题，加大农产品的管理力度，避免不必要的农产品损耗，实现高效率的农产品运输。

三、我国农产品营销渠道管理机制问题及对策

（一）我国农产品管理体制主要存在的问题

（1）销售政策不够完善

农产品是我国的重要物资，所以很容易受到国家政策的宏观调控，而在我国现阶段的农产品的经济市场中，也逐步实现了"菜篮子模式"的宏观调控机制。"菜篮子"的销售成绩取得了非常大的成绩，但在中间也存在着非常大的不足，比如，销售市场的体系还是不够健全和完善，市场供应不太稳定造成了市场混乱的现象等，这些都是这种"菜篮子模式"存在的漏洞。因此自主的营销市场也受到了一定的限制，从而抑制了对农产品的销售积极性和销售的主动性。

（2）销售的定位不明确

在我国的经济市场，农民占据着非常重要的位置，他们既是生产的主体也是销售的主体。在我国，农产品一般都是比较分散的小规模生产，基本是靠手工来完成销售成绩，再加上农产品的销售非常容易受到一些地域的限制，所以也就造成了农产品销售的局限性，也就会导致出现农产品产过剩或者短缺的局面。

（3）农产品的渠道组织功能不够完善

在我国，农产品销售水平还低于现代化的平均水平，也就造成了效率低下、信息不畅、生产加工技术滞后等问题。我们从农产品的生产者这一面来看，小规模的生产模式和现在的大市场有着非常大的冲突，使得生产者在整个的销售渠道中处于了不利地位，生产者的利益也得不到相应的保护。而从中间商的角度来思考，职能单一，组织比较散乱是中间商的最主要的问题。

（4）农产品的销售渠道环节太多

我国是以多层的中间商为主的销售渠道。而从生产者再到消费者一般都要经过非常多的环节。这中间的层层加码模式导致了交易成本过高的现象，而销售时间太长，也会导致一些保鲜时间较短的产品出现腐烂变质的情况，也大大地增加了成本。多层的销售模式也阻碍了信息的传达，也造成了资源浪费的现象。

（二）针对我国的农产品销售管理体制存在的问题作出相应的对策

（1）要充分的发挥到政府的主导作用

随着我国的经济发展，社会的需求发生了重大的变化，消费者越来越注重健康环保的农产品，所以我们要运用政府的力量加强对市场的监管力度，严格的监管农产品的生产和销售过程，确保农产品的安全问题。政府也要制订一定的优惠制度，鼓励和支持积极参加农业改革的工程。同时也要加强农产品的设施建设，

提高对农产品的储存手段，要建立一套完善的农产品的销售渠道。

（2）生产者要积极参与销售模式的创新

虽然在我国农产品的销售渠道很容易受到各种因素的限制，让农民受到经济损失，但是我们只要解决了局限着农产品发展的合作社和企业龙头等的合作方式，实现企业和农民的产权一体化，确保龙头和合作社之间的一致性，然后通过一些管理协会的协调来保证农民和企业之间的利益是一致的。

（3）要让销售农产品的超市发挥销售主体渠道的作用

首先我们要加快农产品的生产，降低能够进入超市的最低门槛水平，进而保证超市的供应是持续稳定的状态。超市的供货方一般来说是比较有一定组织程度的经营个体，有了一定的组织经验之后再加强对农业产品的标准化建设，这样才可以促进更多的农产品进入我们的市场当中。

（4）升级原有的渠道模式，提高销售效率

当前我国的农产品的销售渠道还是属于比较散乱的销售模式，要想真正提高农产品的销售量就必须将以往散乱的模式做一个归置，让他们同属于一个组织的同时也要将农产品的建设和未来发展作一个规划，加强对批发市场的设备建设，同时在农产品的管理模式和销售模式上也要相比之前有所改进和完善，提高销量。在平时的销售管理上也要注意卫生安全的问题，避免脏、乱、差的情况发生，为人民的食品安全问题做考虑。

四、互联网＋背景下我国农产品的营销管理

但是当前"互联网＋"背景下我国农产品营销管理依旧存在着很多的问题，对"互联网＋"的认识程度不足、相关企业的参与度低、缺乏相应的保障制度、缺乏专业化的人才团队等都阻碍着"互联网＋"背景下我国农产品的营销管理，因此必须要对其进行深入的分析，并提出有效的对策，提升"互联网＋"背景下我国农产品的营销管理能力。

（一）"互联网＋"背景下对我国农产品营销管理的重要意义

（1）提升了农产品营销管理的效率

长期以来，我国农产品的营销管理方式都是沿袭着传统的模式，其主要是通过线下宣传，在一定范围内对农产品进行广告宣传，这不仅会浪费一定的资源，更重要的是难以取得预期的效果，农产品营销管理的效率较低。但是，在"互联网＋"背景下，我国农产品营销管理的效率得到了大大的提升。一方面，其主要从线上对农产品的营销工作进行支持和管理，使其能够充分借助网络的优势在更大的范围内进行相应的营销工作，避免了线下营销烦琐的程序，其影响力更加深

远，营销管理的时效性得到大大的彰显。另一方面，通过"互联网＋"进行线上宣传，使得农产品的营销更具有针对性，通过个性化的宣传能够为农产品的销售开拓出更为宽广的销售路径，使其能够在现有的基础上，大大提高农产品的销量，为农业创收奠定了良好的基础。

（2）节约了农产品营销管理的成本

营销管理是建立在一定的成本之上的。农产品传统营销管理模式下，其成本具有不断加大的趋势，因此农产品的盈利空间不断被压缩。但是，在"互联网＋"背景下，我国农产品的营销管理成本不断降低。一方面，降低了农产品营销管理的时间成本，"互联网＋"以其"无孔不入"的优点，能够在第一时间内将农产品销售相关信息传递到世界范围内，并对农产品进行个性化和特色化的宣传，其市场营销的时间不断缩短，为其进一步管理和发展创造了条件。另一方面，节约了农产品营销管理的经济成本，在传统模式下，农产品营销管理需要投入大量的人财物，其成本支出不断加大，对农产品的销售造成了很大的不利影响。但是在"互联网＋"模式下，农产品的营销管理对成本的要求较低，且带来的利润较大，有助于促进农产品市场的发展。

（二）"互联网＋"背景下我国农产品营销管理存在的主要问题

（1）对"互联网＋"的认识程度不足

农业经济一直是我国经济发展的短板，缺乏现代化的发展意识，在"互联网＋"背景下我国农产品的营销管理存在的首要问题就是对"互联网＋"的认识程度不足。一方面，不管是农民还是农产品生产企业，其思想观念较为落后，对现代信息科技的认识不到位，在农产品营销管理中没有充分重视到"互联网＋"的重要性。另一方面，我国农产品营销管理过程中，长期受到传统思维模式和经济思想的制约，不注重向工业产品营销管理进行学习，存在固步自封的现象，使得我国农产品的营销管理长期停留在较低层次，其所创造的价值较低。

（2）相关企业的参与度较低

农产品营销管理不是任何企业单独的发展战略，而是多个企业共同参与的集合。当前，在"互联网＋"背景下，我国农产品的营销管理还缺乏相关企业的广泛参与。一方面，很多农产品生产和销售企业对"互联网＋"的认识程度不足，对"互联网＋"所带来的优势没有清晰的认识，因此不愿意花费必要的成本进行网络营销宣传，对其农产品的销售造成了一定的不利影响。另一方面，很多企业目前还缺乏与互联网企业之间的合作，更难以与其进行深度的合作，因此其只能在原有的基础上对产品进行简单的宣传，与现代化的市场营销管理存在相悖的问题。这都限制了当前我国农产品营销管理的顺利开展。

（3）缺乏相应的保障制度

长期以来，我国对农业发展的支持力度不断加强，不断出台各项农业发展保障制度。在"互联网＋"模式下，还缺乏对农产品营销管理的保障制度。一方面，"互联网＋"与各个行业的发展均具有较强的联系，其对农产品营销管理的影响具有多样性，因此在很大程度上难以对其发展进行界定，这就在很大程度上加重了制订和实施相关保障制度的难度，使得"互联网＋"背景下农产品的营销管理工作难度不断加大。另一方面，现有的制度措施还没能跟得上农产品营销管理的发展速度，其对"互联网＋"背景下农产品的营销管理的保障能力相对有限。

（4）缺乏专业化人才团队

"互联网＋"农业的发展需要专业化的人才团队，但是在农产品营销管理的过程中，还缺乏专业化的人才团队。一方面，现有的农产品销售人员对"互联网＋"的认识程度相对有限，还缺乏互联网理念与技能，其在进行营销管理的过程中难以对"互联网＋"进行有效的应用。另一方面，很多农产品生产和销售企业不注重对其营销人员进行关于"互联网＋"方面的培训，其现有的理念和技能已经远远不能适应农产品营销管理的需要。同时也不注重从外部引进专业化的"互联网＋"及农产品营销管理人才，使得农产品营销管理工作停留在较低层面。

（三）"互联网＋"背景下我国农产品营销管理的对策建议

（1）加强对"互联网＋"的认识

加强对"互联网＋"的认识是提升我国农产品营销管理有效性的首要措施。一方面，要在广大农村和农产品生产及销售企业进行"互联网＋"的宣传，使其充分认识到"互联网＋"所带来的诸多优势，增强对"互联网＋"的重视程度，并将其具体的应用进行宣传和指导，使其能够真正应用到农产品的营销管理中。另一方面，要对"互联网＋"和各行业的发展进行分析，将农业的发展紧紧捆绑在"互联网＋"上，使得"互联网＋"成为农业经济发展的重要组成部分。同时，要理清发展思路，树立农产品营销管理的目标，充分发挥"互联网＋"在农产品营销管理中的作用。

（2）加强相关企业的参与程度

一方面，要加强互联网企业的参与，在互"互联网＋"不断发展的背景下，互联网企业成为主力军，其参与度将直接影响着农产品营销管理的有效性，要通过相关的政策，鼓励其积极参与到农产品的营销中，为农产品的市场营销提供更多专业化的支持。另一方面，要充分鼓励更多的农产品生产和销售企业参与其中，使其能够在现有的基础上摆脱传统思维的限制，以现代化的眼光看待"互联网＋"所具有的诸多优势，将其充分有效地应用到农产品的销售和营销管理中，不断提升对"互联网＋"的应用程度，降低农产品营销管理的成本，提升利润空间。

（3）完善相应的保障制度

完善相应的保障制度是保证"互联网＋"背景下农产品营销管理工作顺利实施的重要措施。一方面，要摆脱传统思维的限制，对现有的农产品销售制度及"互联网＋"的应用制度进行改进和完善，使其能够充分服务于"互联网＋"背景下农产品营销管理的需求，为其发展奠定良好的基础。另一方面，要在现有的基础上，根据"互联网＋"的发展趋势和农产品营销管理的需要，创新相应的保障制度，并根据"互联网＋"及农产品营销管理的发展不断对其进行修正和完善，为实现农产品更有效的营销管理奠定良好的基础。

（4）培养和引进专业化人才

一方面，要对现有的互联网企业从业人员和农产品生产及销售企业内的员工进行关于"互联网＋"和农产品营销管理方面的培训，使其能够在现有的基础上不断提升关于"互联网＋"的意识和技能，并将其充分应用到农产品的营销管理中，提升农产品营销管理的有效性。另一方面，要从高校、科研院所和其他企业中引进专业化的人才，使其为现有的人才团队注入新鲜的血液，并逐渐走向"互联网＋"农产品营销管理的关键岗位，通过制订和实施相应的计划，保证"互联网＋"背景下农产品营销管理的顺利实施。

第三节　农产品营销与物流管理

一、发展农产品物流的背景

近年来，随着我国经济发展进入新常态，正从高速增长转向中高速增长，如何在经济增速放缓背景下继续强化农业基础地位、创新农业支持保护政策，促进农民持续增收，是必须破解的一个重大课题。由于物流运输、信息不对称等多方因素，农产品流通在多方面仍存在"堵塞"。在经济发展新常态下，不断创新农产品流通方式，加快全国农产品市场体系转型升级，重点加强设施建设和配套服务，健全交易制度，不断完善全国农产品流通骨干网络，加大重要农产品仓储物流设施建设力度。这也就让农产品物流面临重大发展机遇。同时，我国《农产品冷链物流发展规划》也为我国农产品冷链物流指明了发展方向。因此，如何在新时期背景下突破瓶颈，大力推动农产品物流的发展，是一个值得我们深思的问题。

二、发展农产品物流的意义

（一）有利于提高农民收入，缩小城乡差距

"三农"问题一直是影响国民经济发展的重要问题，现阶段影响农业发展的瓶颈从生产领域转向了流通领域，发展现代农产品物流正在成为解决之策。由于农产品生产的地域性与消费的普遍性，生产的季节性与消费的全年性之间的对立，造成了农产品供给与消费之间的矛盾，解决这个矛盾，靠的就是发展现代农产品物流。发展农产品物流，有助于提高农业效益，增加农民收入，缩小城乡收入差距，实现城乡均衡发展。

（二）有利于推进农业产业化进程，促进现代农业发展

发展农产品物流有利于农业产业化进程，促进农业发展。现代农业与传统农业的一个明显区别就在于其具有规模化、商品化、专业化、信息化的特征，而物流业的管理模式正好可以满足现代农业的发展需求。农产品物流业由于采用专有的物流配送体系，通过实现订单农业，物流组织根据市场需求和客户的个性化要求统一组织生产、种植、技术指导，不断扩大专业化种植基地规模；并通过电子商务，有机链接加工、仓储和销售环节，适应快节奏的消费需求，提高流通速度，从而提升农产品的异地转化价值，促进现代农业的快速发展。

（三）有利于解决日益突出的产品质量安全问题

农村市场监管不规范，假冒伪劣商品泛滥，农村消费不安全的问题突出，通过发展现代物流业，采用统一采购、集中配送、连锁经营的方式，既有利于保证商品质量，又有利于降低运营成本，让农民买到物美价廉的商品，保证农民的消费安全。另外，通过农业生产的专业化管理，统一供应高效低毒农药和生态肥料、技术指导，统一收购符合市场准入标准的农产品，可以解决困扰我国农产品因农药残留超标而引起的质量安全问题，增强农产品在国内外高端消费市场的竞争力。

（四）有利于带动相关产业的发展

发展农产品物流不仅可以促进现代农业的发展，而且可以带动与之相关的物流业、电子商务等与之相关行业的发展。例如，发展农产品物流需要良好的交通道路条件、安全的运输工具、高效便捷的通信手段设施以及现代前沿的管理方法与思路等，而这种相互促进、相互发展的过程，就是整个行业、社会进步的过程。

三、发展农产品物流存在的问题

（一）农产品物流系统参与主体发育不成熟，组织化程度低

现阶段，我国农产品物流系统的运作主体比较单一，主要以个体农户或以农产品加工企业为主的龙头企业。若农户作为参与主体，他们大多分散经营，进入市场面临无法回避的高昂交易成本，并且由于对市场的不熟悉，往往导致交易成本较高；同时，单个的农户经营由于经营规模较小，也在一定程度上影响了交易的效率。若以龙头企业为代表的参与主体，往往也存在着主体规模弱小，功能不完备，产品单一，供应链组织困难等问题。并且由于他们在国内市场的影响力有限，很难成为农产品供应链的核心主体。

（二）农产品物流系统基础建设滞后，技术含量不高

要提高农产品市场竞争力，必须在农产品物流的环节上统筹考虑，要尽可能的降低成本。在实际流通中，大量农产品因损耗过大而抬高了成本，主要表现在以下三方面：首先，由于农产品保质期短，易腐烂变质，大大限制了运输途径和交易时间，目前我国农产品物流以常温或自然物流形式为主，加之运价、运力、交通基础状况和保鲜技术等原因而损失较大。其次，储运能力不足。农产品货运量大，需要大量的专用运输工具。但目前专用运输车辆缺乏，现代化的集装箱和散装运输发展缓慢，农产品运输主要靠中型卡车，能耗大、容量不足。大部分农产品从产地到销地需多次储存，而我国农业仓储设施建设滞后，分布不合理。专用仓库不足，特种仓库（如低温、冷藏库等）严重短缺。农产品物流系统基础建设的落后，制约着现代信息功能的发挥。

（三）农产品商品转化率较低，损耗严重

据不完全统计，水果蔬菜等农副产品在采摘、运输、储存等物流环节的损失率在25%左右，也就是说1/4强的生鲜蔬菜在物流环节被消耗掉了。而发达国家的果蔬损失率则控制在5%以下，我国的农产品物流是以常温物流或自然物流形式为主，农产品在物流过程中的损失很大。通过对发达国家的农产品物流模式的研究可以发现，其农产品产业链以冷链物流为支撑，即从田间采摘后预冷、冷库、冷藏车运输、批发站冷库、超市冷柜，最后到达消费者冰箱的整个过程中实现了全程冷链。而我国的农产品绝大部分都是在常温下储存、运输的，农产品极易在流通中发生腐烂变质，造成农产品物流损失率偏高。

（四）农产品物流系统供应链管理薄弱，物流成本居高不下

目前为止，国内较完整的农产品供应链还很少。通过学习发达国家的经验，

我们可以发现大部分发达国家的农产品流通和交易主要靠连锁超市和食品商店，目前美国和德国95％的农产品是通过这类终端销售的。而在我国的农产品的流通与交易中，连锁超市与食品商店的市场份额还很小，主要是靠产地批发市场、销地批发市场和农贸市场零售来实现销售，同时农民自销和小菜贩也是重要的终端销售环节。我国现实中的农产品供应链主要分为两个部分：第一是从农户到批发市场。第二是从批发市场再到消费者。在目前状态下，我国农产品供应链是断裂的。因此，也不可能存在合作与协调，农产品供应链管理也无从谈起。农产品供应链管理的薄弱也导致了我国农产品物流的成本居高不下。

（五）农产品物流信息化程度低

现阶段，我国农产品生产者了解产品信息的渠道非常少，生产者不能全面了解市场价格、行情，从而生产很难适应需求的变化。我国农村地区基础设施薄弱，通信落后，信息技术水平低下，农业信息网络不健全，农产品信息收集、传递困难，而且很多地区的农村没有实现网络化，农户获取信息的渠道狭窄，信息的共享程度低。其次由于不同的企业在监管环节具有不同的标准体系，不同企业和监管部门之间对流动的农产品的控制和监管信息缺乏共享机制，使上游机构或消费者难以对农产品生产情况等信息进行回溯性反馈，同时也无法对农产品流向进行跟踪。在当前农产品物流发展的过程中，生产者不能充分掌握农产品流通信息，不能根据相关信息安排生产，导致了供应链中的产销脱节。

四、农产品物流管理的建议

（一）加快农产品物流通信自动化和组织化建设，提升农产品物流系统应变与协同能力

要把握农产品生产、库存、需求、运输、到货等信息，形成一个良好通畅的农产品物流服务协调与沟通机制。现代信息技术的快速发展已为建立快速反应、效率化的农产品供应链物流系统提供了很好的运行平台，网上采购、网上销售、连锁经营、超市业态等先进流通组织方式的变化已为农产品物流模式变化提供了良好的组织保障。

（二）建设农产品物流第三方化、产业化，培育和发展壮大农产品物流系统运作主体

尽管我国政府鼓励"农户＋加工企业""农户＋运销企业"的农产品经营模式，但其规模小、服务能力弱、市场竞争力差，也难以适应现代大生产大流通的要求，特别是进入国际市场参与竞争。为了优化农产品物流系统结构，壮大农产

品物流运作主体的实力及营运能力，积极推动农产品物流第三方化、产业化，应该是实现农产品物流集约化、规模化经营的有效途径。

（三）强化物流网点的物流功能，实施批发市场物流配送中心化改造

建立专业化的融商品检测、包装、冷藏、初加工、运输、配送等功能为一体的农产品物流配送中心是推动农产品物流系统变化的关键所在。对于现有的批发市场而言，其物流网点的地位是存在的，关键是政府应按照现代物流中心的功能与结构要求批发市场进行物流中心、配送中心化、现代化改造，强化其系统网点的物流功能，以适应新型农产品流通组织体系的需要。

（四）大力发展冷链物流

所谓冷藏链是指在特定的低温条件下，从生产到销售各环节之间，对易腐、易感染品进行加工、储藏、运输、销售的各种冷链作业和管理的特殊产业链。资料表明，25%的根类和块类产品、50%的水果和蔬菜、100%的肉、鱼、奶等易腐食品都需要冷藏，这样才能减少目前正在发生的惊人损失。

五、农产品绿色物流管理

所谓绿色物流，是指在物流过程中抑制物流对环境造成危害的同时，实现对物流环境的净化，使物流资源得到充分利用。由于绿色物流在人们心中有着特定意义，因而有助于物流企业良好形象的树立，更能赢得群众的信任。农产品绿色物流有利于降低农产品生产和流通的成本，提高了农业生产的整体效益。因为"绿色物流"的绿色形象和信誉有利于提高农产品在市场的占有率，增加了农产品品牌价值和市场寿命，而且还间接地增强了农产品的竞争力，有获得巨大经济收益的潜力。对于农业资源的节约利用问题，运输、存储和加工都进行科学的规划，大大地降低了物流的成本，进一步加大了农产品利润空间。另一方面，对于自然资源的回收再利用，不仅可以降低农业企业和农户的材料成本，又优化了客户服务，提高了企业形象，增强竞争优势。

中国生态环境脆弱，人均资源不足，发展与环境的矛盾十分尖锐。在保持经济持续、快速和健康发展的过程中，保持经济可持续发展的理念越来越为社会各界所重视。而绿色物流作为可持续发展的一个重要环节，与绿色制造、绿色消费共同构成了一个节约资源、保护环境的绿色经济循环系统。技术落后也成为制约我国发展绿色物流的一个重要瓶颈，大量的消耗资源，如何算得上绿色物流。所以绿色物流面对我国技术落后，进一步落实可持续发展有着重大的意义。

（一）当前绿色农产品物流管理中的问题

对农产品绿色物流内涵认识和理解不足。目前我国农产品的生产仍以个体农

户为主，个体农户受经济条件所限，投入较少，导致经营方式较粗放，加工方式以初级加工为主，农产品的附加值低。农民往往更关心农产品的产量和价格，对于其他环节如运输、仓储、流通加工等并没有给予足够的重视。同时，各级政府对发展绿色物流重视不够，更多的是考虑地方经济利益，部分地区政府甚至放任企业对农业环境的污染，仅有物流的"利润思想"而没有绿色化的概念，缺乏发展的前瞻性。此外，农产品生产企业虽然实力较为雄厚，但由于当前我国农产品生产利润不高，加之一些企业领导者不愿主动承担社会责任，绿色意识淡薄，导致农产品绿色物流在实施上存在一定的困难。

农产品质量安全和标准体系建设不完善。保护生态环境已经引起各国的广泛关注，农产品出口贸易的"绿色壁垒"在不断地加高，这些"绿色壁垒"使我国出口的农副产品常常因农药和有毒成分残留量过高而被拒之门外。据商务部调查，我国有九成农业及食品出口企业受国外技术性贸易壁垒影响，每年损失约90亿美元，出口受阻的产品从蔬菜、水果、茶叶扩展到畜产品和水产品。现有政策和制度与绿色物流的要求差距较大，我国农产品实施绿色物流管理对农业产业化发展、农民增收以及社会经济的可持续发展具有重要的意义。然而，与发达国家相比，我国尚未形成一个有利于农产品绿色物流发展的良好环境，缺乏市场准入机制、税收减免政策等。没有良好的法律环境和规范化的市场监督机制，缺乏调动农民节约资源积极性的有效办法和经济上的补偿机制以及社会监督、群众参与的机制，农产品安全检测专项资金不足，对农产品绿色生产、绿色包装、绿色运输、绿色仓储等强制性绿色物流管理缺少政策引导，等等，这些都不利于绿色物流在我国的推行和发展。

物流人才缺乏。目前，我国虽然已经有几十所高校开设物流专业，但大多侧重于工业物流人才的培养，农产品物流人才匮乏。物流需要一定的专业知识，而从事农产品物流还应懂得农产品的特性等知识，如花卉物流、速冻鱼、肉以及其他初加工、深加工食品物流等。在荷兰，物流操作人员必须经过考核，持有相关行业的就业资格证书，从而保证荷兰高质量的农产品物流供应链管理的标准贯彻始终，由此可见，专业人才对绿色物流发展的重要性。

（二）农产品物流管理的对策

培育绿色市场、开辟绿色通道，形成确保农产品安全的销售网络体系。按照统一的标准和制度，加强市场的软、硬件建设，使之成为具有保障农产品卫生质量、美化环境功能的销售网络体系。一是按照统一的标准和环境保护要求，加强硬件建设，逐步实现设施现代化。大型农产品批发市场，特别是肉类批发市场应配备冷库或冷藏设施，大型零售店应配备保鲜设施。二是应用现代技术，加强质量管理，完善农产品进货索证制度，不符合要求的不得进入市场。三是配备简易有害物残留检测设备。大型农产品批发和零售市场要配备简易有害物残留检测设备，按照有关标准和技术规范进行检测，形成有害物超标食品市场退出机制。四是建立无公害绿色农产品的专柜、专区、专卖店，并配有醒目标志。五是改进销售方式，大力发展连锁经营，提高新鲜瓜果蔬菜在便民超市等业态中的销售比重。大型农产品批发市场推行竞拍方式和电子结算。鼓励销售包装食品、粗精加工食品。

开辟绿色通道，形成全国范围内高效率、无污染、低成本流通网络。运用市场经济的办法，统一协调和组织货源，建立公路、铁路等多种运输工具合理连接的食品运输网络系统，消除不必要的关卡和收费，严防货物（特别是鲜活农产品和新鲜瓜果蔬菜）在途污染，实现全国范围内高效率、无污染、低成本流通。一是建立源头运输检测制度，有害物严重超标的食品不得运输。二是改进运输方式，鲜活农产品运输采取必要的保鲜措施，严防农产品变质和二次污染。三是实行多式联运和直达运输，大力发展面向社会的物流配送中心，以市场为纽带，做好各种运输工具的合理连接，消除不必要的关卡和收费。使得农产品更快更好地到达销售市场。

六、国外农产品物流系统的建设与经验

（一）日本的农产品物流系统

日本的农业生产规模小、种植分散，农产品国内供给不足，必须依靠大量进口来满足国内农产品需求。农业生产的现实状况决定了日本的农产品物流具有以下特征：

首先，农业合作组织在农产品物流前端发挥着重要作用。农协是日本最主要的农业合作组织。批发市场中最主要的产地供货团体是农协，各大中小城市都有农协直接参加或组织的农产品批发市场。农协利用自己的组织系统，以及拥有保鲜、加工、包装、运输、信息网络等现代化物流技术的优势，担当了农户与批发商之间的中介。

其次，销地批发市场发挥着重要的农产品集散作用。日本的农产品批发市场有中央批发市场、地方批发市场和其他批发市场三层等级。其中，中央批发市场由政府兴建，目的是确保大宗进口农产品的有效分货、紧缺农产品供给的区域平衡以及重要城市及其周围地区生鲜食品的合理流通。地方性市场和其他市场的设立目的则是保证小范围区域内农产品的均衡供应。

最后，日本拥有完善先进的农产品物流基础设施设备和技术。日本的批发市

场信息化程度很高，可以全国乃至与世界主要批发市场联网，农产品交易时双方实行只看样品的信息交易，而实物则由产地直接向超级市场等集配中心运送。

日本在大中城市、港口、主要公路枢纽都对物流设施用地进行了合理规划，高速公路网、新干线铁路运输网、沿海港湾设施、航空枢纽港、流通聚集地等基础设施完善。日本还建立了一批加工厂、预冷库、冷藏库、运输中心等，大量投资和使用现代化的物流技术和装备。日本已普遍采用鲜活农产品从预冷、整理、储藏、冷冻、运输等规范配套的流通方式，产后的商品化处理几乎达到100％。目前日本农产品加工比例在60％以上。

从日本建设农产品物流系统的经验来看，首先，农协在农产品物流中发挥着极其重要的作用。日本农协是由单个农户自愿联合组织起来的群众经济组织，是一个拥有强大经济力量的遍及全国的民办官助的农民经济团体。农协是农民进入流通领域的关键环节，也是批发市场中最主要的产地供货组织。据了解，日本农产品生产总量的80％～90％是经由批发市场进入终端消费，其中农协组织提供的农产品占到批发市场贸易量的60％以上。其次，政府对农产品物流的建设进行严格的管制。日本农产品批发市场的开设实行严格的审批制度，中央批发市场、地方批发市场以及其他批发市场须根据《批发市场法》和各种条例进行建设。

（二）美国的农产品物流系统

美国的农业生产和贸易居于世界领先地位，这需要一个庞大而通畅的农产品物流体系来支撑。农产品物流体系的特点与当地的农业生产特点紧密相关。在美国，农产品生产具有很强的区域性，农业贸易的交易量大；农产品生产专业化强，一般一个农场只生产某一品种的农产品；农产品的出口量大。

农业生产的特点使得美国的农产品物流具有以下特点：

第一，产地批发市场具有重要地位。美国的批发市场主要由农场主批发市场和终点批发市场组成，其中，农场主批发市场占据了核心的地位，大批量农产品交易一般都在产地进行。

第二，美国农产品物流是以超级市场为主体的规模化物流体系。据了解，美国约有60％以上的农产品是通过超市到达消费者手中；另外40％是通过批发市场或者贸易的方式直接销售到零售商和贸易商。

第三，各种行业协会如谷物协会、大豆协会等为农民提供有力支持，代表农民与政府交涉，在农产品产销中发挥着积极作用。据统计，全美近1/3的农场主通过合作社出售谷物。

第四，美国农产品物流的社会化程度高。在美国，农产品物流的主体包括农场主参加的农业合作社、农商联合体、产地市场或中央市场的批发商、零售商、代理商、加工商、储运商等。他们一般规模较大，承担了全美农产品的运输、保管、装卸搬运、加工、包装和信息传递等功能。

第五，物流基础设施和物流设备完善发达，支撑了农产品物流的高效运作。美国的交通运输设施十分完备、公路、铁路、水运四通八达。公路呈网状结构，能够直接通往乡村的每家每户；铁路运输十分方便，一些农产品收购站和仓库、加工厂建有专门的铁路线，如东部的饲料企业把从中西部运来的玉米经铁路直接下卸到企业车间生产线。美国的物流设备机械化程度和自动化程度高，比如粮食的装卸输送设备就有螺旋式输送机、可移式胶带输送机及低运载量斗式提升机等。

此外，美国具有各种先进的物流技术，比如信息技术、储运技术、包装技术等专业技术。农产品在整个物流过程中运用冷链技术设备，大大降低了农产品的损耗率，比如蔬果物流的环节为田间采后预冷→冷库→冷藏车运输→批发站冷库→冷藏车运输→超市冷柜→消费者冰箱。

第四节　农产品的品牌营销管理

我国作为传统的农业大国，由于我国是世界上人口最多的国家，粮食问题一直是我国农业发展的重点，随着近些年我国农业技术水平的提高，尤其是杂交水稻的出现，很好地解决了粮食生产的问题，在这种背景下，我国开始种植多种农作物，并根据市场的实际需要，加工一些农产品，但是受到技术水平和发展时间较短等影响，我国农产品营销的情况较差。通过实际的调查可以知道，目前市面上有很多农产品，但是在品牌效应越来越重要的今天，我国农产品的品牌影响力较差，知名的农产品品牌大都是国外的企业，这种现象在很大程度上限制了我国农产品营销的发展，虽然近些年国家出台了很多优惠的政策法规，鼓励和扶持我国本土农产品企业的发展，但是并没有取得良好的效果。

一、农产品品牌营销的必要性

第一，农产品品牌营销策略可以优化农业产业结构，通过进行品牌营销策略，可以实现农业生产的一体化经营，形成一个系统的产业结构。通过品牌营销策略，可以使各部门之间分工协作更加细致紧密，同时还可有效地推动农业生产力水平的提高。

第二，农产品品牌营销策略可以有效地应对外来农产品的冲击，同时可有效提高农产品的整体竞争力。品牌农产品的最终成品一般都是经过多道工序的检验之后得到的，因此产品质量可以得到保证。品牌农产品与普通的农产品之间是有区别的，因此其产品的市场竞争力相对较高，抵御市场风险的能力相应的提高，可以更好地应对市场的冲击力。

第三，农产品品牌营销可以有效扩大内需，从而推动经济增长。进行品牌营销策略，可以推动农产品的消费需求，提升农产品消费层次。伴随人们的消费方式与消费观念的不断转变，人们对消费质量的关注度越来越多，逐渐向品牌化与高端化发展。人们越来越注重产品的营养价值与是否绿色环保。农产品进行品牌营销，可以满足消费者的品牌需求，还可提高市场产品的占有率。伴随人们生活水平的提高，品牌农产品会更加受到普通老百姓的推崇，可见品牌农产品具有广阔的商机可以进行开发。

第四，农产品品牌营销可以使农民增加收入，从而更快地富起来。实施品牌营销策略，可以改善农民的生活水平，减少城乡居民的收入差距。进行品牌销售，导致农产品的销售价格比普通农产品高出一部分。农产品作为人们生活的必需品，消费量通常比较平稳，一般不会出现较大的变动，而且伴随人们绿化环境消费意识的增强，对品牌农产品需求的不断增加，农民的收入就会相应的增加。农民生活质量的提高，对于社会主义新农村建设与社会主义和谐社会的构建都具有重要的意义。

二、农产品品牌营销的可行性

第一，农产品品牌营销策略需要强有力的保障才可以进行，政府的支持为其发展提供了重要的条件。近些年，农业部先后下发了一些文件，用于推进与指导农产品品牌营销工作。如1999年发布的《农业部关于创名牌农产品的若干意见》与2006年发布的《农业部关于进一步推进农业品牌化工作意见》。各级政府与相关主管部门积极进行合理的引导，并从资金、法律与政策方面进行大力的支持，因此可以有效的保证农产品品牌营销工作的顺利进行。

第二，实行农产品品牌营销策略是现实的需要。改革开放后，我国农业生产发展迅速，生产力水平不断提高，但是农民的收入与城镇居民相比仍然处于较低的水平，因此探索使农民增加收入实现快速致富的方法成为人们关注的热点。党与政府也十分关注"三农"问题，从长远来看，实施农产品品牌策略是实现社会公平、改善农民生活质量与提高农民收入水平的有效途径。

第三，丰富的农产品资源是进行农产品品牌营销的基础条件。我国土地资源广阔，农产品资源品种多种多样，同时农产品的产量也比较多，各个地方都有比较有特色的农产品，比如云南的普洱、西湖的龙井、烟台的苹果与新疆的哈密瓜等，这些农产品资源在国内外都是十分著名的，深受人们的喜爱。将这些具有特色的农产品进行包装加工，同时加大宣传力度，打造农产品的品牌一定会收到比较好的效果。

三、我国农产品营销品牌的现状

（一）对品牌缺乏足够的重视

目前我国的农产品企业，大多是一些中小型企业，在实际的运营中，受到资金和市场的影响，就如何提高实际的经济效益，仍是企业关注的主要问题，为了达到这个目的，很多企业采取了压缩成本，降低产品的零售价，这样的方式虽然可以短时间内提高产品的销量，但是生产成本的降低，必然会对产品的质量造成较大的影响，消费者食用过一次后，就会了解产品中存在的问题，从而选择其他的产品。由此可以看出，目前我国农产品企业的发展模式，存在很大的弊端，产品的质量作为营销的基础，如果存在问题，必然会让消费者记住这个品牌，再次购买相应的产品时，尽量选择其他品牌，导致这种问题的主要原因，就是企业的管理层，对品牌效应缺乏足够的重视，不愿意牺牲眼前的利益，来换取长久的品牌影响力，这样的发展必然是短暂的，无法获得更大的成功。

（二）具有影响力的品牌较少

目前，我国已经成了世界第二大经济体，人们的生活水平有了极大的提高，作为世界上人口最多的国家，对于农产品的需求量巨大，在这种背景下，很多国外的农产品生产企业开始进入我国，这些企业经过了多年的发展，具有成熟的生产链和运营模式，其中一些已经形成了良好的品牌效应，由于我国农产品企业还处于发展的初期，没有出现大型的企业，因此国外的这些企业对我国农产品市场造成了很大的冲击。近些年我国意识到农产品市场存在的问题，根据农产品营销的实际情况，有针对性地出台了一些政策法规，通过税收等方式，限制国外农产品企业对我国的影响，对我国本土的农产品企业，实行了一些优惠的政策，鼓励和扶持这些企业的发展，在双重的促使下，我国农产品企业得到了极大的发展，很多企业开始意识到品牌的重要性，非常重视农产品的质量，一些企业逐渐被越来越多的人所认可，但是从整体上来看，目前具有影响力的品牌还是比较少。

四、我国农产品品牌营销的策略

（一）强化农产品品牌意识

促使我国农产品品牌营销的主体就是农民，而我国农民受传统农业的影响严重，农产品品牌意识薄弱。鉴于此，要想创设农产品知名品牌，促使中国农产品销售走品牌化发展道路，首先要做的就是强化农民的农产品品牌意识，要让农民认识到知名品牌的重要价值，促使他们积极采取各种办法和策略为自己的农产品创设知名品牌。笔者认为，强化农民的农产品品牌意识的具体措施有以下几个方面。

第一，需要政府帮忙，需要政府通过制订一些政策或措施，抑或是其他宣传方法改变农民的价值观，帮助农民认识到品牌的价值，鼓励农民积极创设农产品知名品牌。

第二，需要电视、报纸、杂志等大众媒体加大对农产品品牌功能的宣传。因为大众媒体是影响力最广的传播媒介，农民每天都会接触，通过大众媒体对品牌的讲解和宣传，使农民在潜移默化中受到影响，让农民意识到知名品牌对自己有什么积极影响，认识到自己需要转变观念，提高自己的品牌意识，努力为自己种植的农产品创设知名品牌。

第三，农村要任用一些具有品牌意识的大学生，让这些具有前卫认识的知识分子带领广大农民走农产品品牌化道路。这就要求学校和社会对大学生要进行品牌意识的教育，培养具有品牌意识的大学生。

第四，需要我国国家和相关政府部门完善保护农产品品牌的相关法律和法规，强化农民的依法维权意识，严厉打击那些冒用和盗用知名品牌的违法行为，为知名品牌的产生和存在营造一个良好的法治氛围和市场环境。

（二）完善农产品相关检测和认证体系

市场竞争遵循的是优胜劣汰的原则，要想使我国农产品拥有较强的市场竞争力和稳固的市场地位，就应该保证我国的农产品有着其他竞争产品不具备的优势，使其能够在残酷的市场竞争中获胜。这就需要从农产品的质量、技术含量、包装等方面入手。利用科学技术成果来生产出高质量的农产品，并对农产品进行符合市场需要的包装，使之能够满足消费者的消费需求，能够具有更大的市场竞争力。而这些，需要我国制订完善的农产品检测和认证体系，来为农产品的质量等严格把关。总而言之，我国目前最缺乏的就是一套完善的农产品相关检测和认证体系。我国需要结合我国农产品的基本国情，借鉴外国农产品有益经验，制订一套能保障农产品质量和提高农产品竞争力的检测和认证体系。

（三）提高我国农产品的科技含量

提高我国农产品的市场竞争力，需要提高我国农产品的质量、降低农产品生产成本和为农产品创设知名品牌。而做到这些必须依靠科学技术的力量，将科学技术融入农业生产发展中。具体而言，提高我国农产品的技术含量需要做到以下几方面。

第一，国家和政府应当高度重视农业科学技术的发展，通过制订相关政策和措施来鼓励和支持农业科学技术的研究与开发，为提高农产品的科学技术含量提供前提基础和保障。比如，利用科学技术增加农产品的营养含量，利用科学技术增加农产品亩产量等。

第二，国家和政府还要通过各种方式和途径加大力度推广农业科学技术，如推行科技下乡、技术工作人员下乡培训农民等方式，充分提高农民对科学技术的利用意识和利用能力，让农民自觉采用科学技术成果来提高农产品的质量，确保农业科学技术能够更快、更好地运用到农产品生产、加工和销售等过程。

（四）尽量实现每一种农产品只有一个知名品牌

我国农产品品牌繁多，但知名品牌少之又少。据笔者研究发现，市场中，一种农产品却分别被贴上了不同的品牌。这种情况，不利于为农产品创立知名品牌。为创设农产品知名品牌，这就需要政府和农民一起努力，将有同一种特征的产品或者是同一区域的产品高度统一化，让同一种农产品使用同一种品牌。这样，可以有效加大这种农产品的影响力，为这种农产品打造出专属于它的知名品牌。

（五）强化消费者的农产品品牌意识

消费者是农产品营销中的主体之一。消费者的认可是打造农产品知名品牌的前提和基础。鉴于此，我们要想方设法提高消费者的农产品品牌意识。比如，农产品生产者或者销售者可以从消费者利益出发，通过媒体、报纸、杂志等宣传中介宣传购买品牌农产品对他们的好处，比如说通过在大型超市门口安装大屏幕，播放特制的广告，宣传某一品牌的农产品是如何生产的，有怎样的营养价值，又有怎样的安全保障等，让消费者充分了解品牌农产品的价值所在，这样就可以大大提高消费者品牌意识了。

五、特色农产品营销策略管理策略

（一）特色农产品品牌化现状

特色农产品市场一直呈现出购销两旺的态势。但是，特色农产品品牌化进程中仍面临不少困境。

一是规模小，产业链条短，集约化程度不高；农产品区域品牌数量少且品牌效应弱，很多农民和企业还在卖初级产品，有的产品经过简单初加工，附加值低，利润微薄。

二是技术含量低，受传统思想影响，各方认为农业的技术含量低，科研资金投入不足，机械设备陈旧，优种率低，农产品生产加工、包装工艺落后；例如，山西红枣由于烘干等初加工机械的缺乏，其成熟期恰逢雨季，因为潮湿发霉严重影响了产品的质量，造成的经济损失不可估量。

三是行业标准缺乏，目前的农产品上网，普遍面临标准化程度低的问题，不少农产品的分类还处在手工阶段，分级、分等还没有实现机械自动化，大多凭人们的直觉；产品加工到包装管理都没有统一标准，这极大地降低了市场认可度。

四是忽视品牌文化的挖掘，我国一些地区在开发特色农产品时，缺少当地特色文化的融入，文化底蕴是特色农产品的精髓，是其品牌提升的重要筹码。要想做强、做大品牌，必须重视品牌文化的提升。

（二）特色农产品营销策略管理策略

（1）打造品牌，提高认知度

特色农产品营销要搭上电商快车，首先要打造品牌，农业电商企业应着力破解生产与市场信息不对称难题，化解小生产与大市场之间的矛盾，及时准确把握市场预警信息，适应客户的需求，引导消费，赋予产品以文化内涵，快速作响品牌。

因为顾客面对海量的信息，一般只会购买放心可靠的品牌，买有"品牌保障"的特色农产品。各地政府引导农民集中资源优势着力打造特色农产品品牌，比如湖北洪湖的莲藕、罗田的红米，中山的神湾菠萝；引导特色农产品向其集聚，有利于发展规模经济，吸引知名企业进驻，实现农产品产业走现代专业化路线，全面提升特色农产品的品质和市场占有率，当地政府牵头，协调多方资源鼓励有条件的企业或行业协会注册特色农产品商标，定期举办特色农产品评比示范活动，利用新媒体特别是移动端加强品牌宣传，提高市场认知度。

特色农产品的品牌营销需要将农产品与当地风土人情相结合，发展休闲农业，让消费者有机会体验新型态农业，参与农业生产及农家生活，顺应客户的文化需求与情感体验，激起客户购买欲。恰当选择品牌代言人，例如"三只松鼠"采用的是虚拟化卡通形象，并且是极其亲民的小松鼠，这和坚果的休闲零食特质是符合的，其包装设计别具匠心，创意首页频繁更新，"宝贝"描述蕴涵丰富的文化故事。

（2）保证品质，建立质量安全追溯及监管体系

对农产品来说，质量口碑最重要。客户愿意去买单，就是希望能吃到健康的农产品。特色农产品的生产大都为劳动密集型农业，其生产过程难以控制，加工过程简单粗糙，设备陈旧，运输路线长，迫切需要建立农产品质量安全追溯及监管体系，建立健全产品产地、加工商、运输商等电子商务基础数据库，探索与电商企业建立数据共享机制；客户可以通过网络直接看到农产品的生产视频和相关资料，完善农产品质量标准，一旦出现质量问题，可以迅速找到源头。例如，美国政府充分利用网络平台为客户提供食品质量安全信息，预防食品质量安全事故。

美国消费者通过联邦政府设立的政府食品质量安全信息网，可以任意链接到各个相关的网页，从而获取该食品及时、准确、权威的信息。逐渐完善农产品质

量监管服务，严格控制特色农产品生产的品质，让农产品每个环节都可以透明呈现，让客户放心消费。安全追溯及监管体系的加强所带来的"副效应"是追溯成本的提高。未来哪家企业在食品质量追溯方面做到最好，一定就是中国农业企业中冒出来的大企业。

第七章 农业项目投资管理

第一节 农业项目投资概述

一、项目和农业项目的定义

世界银行曾把项目定义为包括投资、政策措施、机构以及其他在规定期限内达到某项或某系列发展目标所设计的活动在内的独立的整体。这种独立的整体，可以是一个国家范围内结构调整计划，也可以是某个部门的调整计划：可以是投资数十亿的宏大的资本密集型的水坝或江河流域治理的项目，也可以是某一地区农村兴修水利发展的农业生产项目；可以是改进国家的农业教育、农业科技推广服务的项目，也可以是改良草地发展畜牧，或者是兴办某项生产帮助贫困农民脱贫致富的项目。

项目管理在农业及农村发展中的推广为时较晚。世界银行的经济学家认为："所谓项目就是企业运用各种资源以获取利润的全部复杂活动，一般都把农业项目看成一个运用资金以形成固定资产，再由它们在一段时期内提供效益的投资活动。"

我国的一些学者认为：农业项目一般是指农业基本建设项目，它不同于农业的简单再生产，而是指在农、林、水、气部门中，为扩大农、林、牧、副、渔长久性的生产规模，提高其生产能力和生活水平，能形成固定资产的经济活动。笔者根据上述专家学者的意见并结合自己工作的实践，认为农业项目的定义至少应该在内涵上从时空性、目标性和投资行为等方面将农业投资项目加以界定。根据上述考虑，拟将农业项目定义为：在农业与农村发展领域中，在一定的时间、空间内，以改善农村人口福利为目标，以未来盈利为目的的投资活动。

这里之所以未提及固定资产的形成问题，原因是许多投资行为（如用于农业教育、培训和推广机构设施建设的公共投资）的直接产出是人力资源素质的提高和机构能力的增强，而并非形成有形的固定资产。

（一）农业项目定义

J.P.吉延格编写的《农业项目的经济分析》一书中，将农业项目定义为"企业运用各种资源以获得利润的全部复杂活动。是一个运用资金来形成固定资产，在一段时间内提供效益的投资活动"。我国的不少学者将农业项目定义为"农业项目作为一种农业建设项目但不同于农业简单的再生产，而是指农、林、水、气等部门，为扩大农、林、畜牧、副、渔业长久性的生产规模，提高其生产能力和生产水平所形成的新的固定资产的活动"。但是实际上，农业项目的内涵已经突破了上述定义。广义上的农业项目泛指以农业活动为主，并包括农村中其他部门发展活动的项目。具体包括"农作物和果木种植、灌溉垦殖、畜牧草原、林业种植、农业机械及农业培训教育等项目"。本文中涉及的农业项目则指政府支持的农业发展，改善农业生产基础条件，优化农业结构，为达到提高农业综合能力和提高农业经济效益的目的，而设立的政府专项资金对农业资源开发利用的活动。这些项目实施需要政府规定严格的时间与空间限制，即有严格的时间限制和确定的实施范围。必须由政府农业项目管理机构立项批准，并由项目建设单位组织实施，通过人力、资金等综合投入，采取综合措施进行农业资源的综合整治。

（二）农业项目的分类

农业项目包含诸如退耕还林、农村道路、农村能源、农产品科技化、科技示范推广、财政扶贫以及农业综合开发等项目，关联到计划、财政、农业、林业、水利等许多单位，农业项目资金来源多种多样。农业项目还可按照投资资金来源、投资的结果以及使用途径、使用性质、投资规模大小的标准来分类。

（三）农业项目的特点

从农业的定义可知农业项目涉及面比较广、投资周期长、效益也存在不确定性、综合性强、投资资源限制强，但是农业项目的生态效益与社会效益优点比较突出，有利于经济持续稳定发展。综合国外农业项目差异发现我国的农业项目具有自身的特点。具体包括：

（1）地域性，我国农业项目的最主要特点。不同地域的土地、水资源及气候、劳动力素质、各地文化习俗和经济条件影响下的技术条件等存在不同差异，致使农业项目发挥效益程度不同。

（2）依赖性，我国农业项目的实施要根据土地、肥料和天气条件状况进行，尤其是对土地和环境会产生明显的依赖性。

（3）目标多重性，农业项目的目标是多重性的。进行项目评价时，需要对项目的经济、社会、生态效益及区域经济发展作出全面评价。

（4）风险性与不确定性，农业项目的投资周期长，效益风险大，但是受益范围广、收益持久、综合性强以及生态效益与社会效益优点明显。

二、农业项目投资评估

近年来，由于食品安全问题愈发严重，多地出现了城市人到城郊农村租地种菜的现象，像在北京这种大都市的很多郊区农民纷纷把自己的地分割出租，而上海、浙江、湖北、四川等地，也都存在着不同形式的招募市民种菜的项目。但这种"周末农场"热潮目前只是一种分散行为，尽管两三年前已经出现了这种项目，但其发展形势一直缓慢。由此某些项目是将租地种菜规模化，这是下乡种菜热的另外一种衍生形式——雇农民负责种菜，种什么菜，是否使用化肥，种地的规模，都由雇主来决定，充分尊重雇主的选择意愿。可以将初期规模定在一个行政区，由区政府出面交涉，在城市郊区租下。经过估算过后，对大致需要的土地、雇工人数、种植特定的蔬菜瓜果的种类等有一个宏观的规划。收获后的农产品仅供该区自愿加入项目的常住人口食用，有剩余的话，可以在经过雇主同意的前提下，将农产品卖到周边地区。

（一）项目大致流程

（1）由行政区政府牵头，在城市周边的农村，租下一片土地，具体从哪些、多少地方租用土地视情况而定。

（2）挑选出有相关知识背景的学者和有经验、有技术的农民，估算大概产能和生产成本，制订相应的种植计划。

（3）雇佣农民进行种植，采取竞争上岗制和职业化管理方法。

（4）将生产好的农产品集中运到项目实行区（具体分配方式视情况而定）。

（5）若有富余的农产品，可以低于市价少许出售给没有参与项目的消费者，所得的收入一部分用于支付土地租用费，一部分用于被雇佣的农民的工资，以便提高其生产积极性。

（6）年终居民再以其消费量向区政府缴纳相应的费用，以便开始下一年的投入。

（二）项目的优点

1.宏观方面

（1）将市场和农产品产地直接联系到一起，使生产更有针对性，解决农产品滞销问题，免去中间过多的流通环节，节省流通资本。

2.由城市扶持农业、农村经济发展，不仅仅是资金方面的，还有管理、技术上的。

3.通过创造就业机会，把农民留在农村，一方面缓解农村留守老人和留守儿童的农村社会问题，另一方面缓解城市的人口压力和管理成本。

2.微观方面

（1）节省市民饮食成本。

（2）特供蔬菜安全令人放心，城市居民租地种菜未必能成为未来食品供应主流，但却是解决食品安全问题的一种积极尝试和补充。

（3）有助于农产品生产人员职业化，促进种植技术和高效农业发展。

（4）有利于增加农民收入，农民不仅收到租金，更能通过种植获得工资。

（三）农业投资可行性研究的主要内容

（1）技术方面

租地种菜规模化项目，对农业来说，实际上不仅仅是一种生产技术上的提高，更是一种对产销模式的升级，属于软技术的提高，这种新的产销模式吸收了农村合作社在生产规模化中的优点，同时解决了在此体系中的销售问题。这个项目主要是用在一、二线城市及其周边的农村，可以因地制宜地进行微调，其本质是将市场和生产一体化，但并不排除原有的自由市场的销售模式，这两者可以同时存在，因此具有相当的灵活性。项目的实行，需要城乡间建设有直通的交通，周边农村里需要有一定面积的土地，笔者认为沿海和平原地区更适合此模式运作。

（2）组织管理方面

城市不仅为农产品生产提供资金，同时提供管理人员，管理人员由城市中有相关知识的学者以及被雇佣的农民代表共同担当，增进沟通合作和管理。

（3）社会生态方面

租地种菜规模化的过程中，需要租用农民土地以及雇佣农民种植作物，会支付给农民土地的租金以及被雇佣的工资，在免除了大量流通成本的条件下，我们的项目能给农村带来更优厚的报酬，农村和农民的收入提高，也将促进其生活条件的提高。同时由于安全和可持续发展的要求，重污染和高毒性的农药将不被允许使用，对农业生态有极大的促进。

（4）农产品市场营销方面

农产品的销售是这个的项目的优势，因为这个项目直接把市场和生产连成一体，产品价格更低，销路更明确，产品质量更让人放心，而且能够很大程度上地避免农产品滞销、农田弃置的情况发生。

（5）财务方面

项目的资金由城市里常住居民中的项目参与者集资运行，但由于我国关于民间集资的相关法律，我们的项目将由实行区区政府先发起集资，或由政府的财政资金预付，资金将用于支付土地租金、农民佣金、生产农产品需要的种子、肥料和产品运输的费用等。

（6）经济方面

我们的项目并不是根治我国农业经济的一劳永逸的方法，我们的项目旨在缓解一些地区出现的最尖锐的农产品产销矛盾——城市人支付的更多，却吃不到质量配得上价格的蔬菜。而同时，农民辛辛苦苦一年，种出来的农产品却可能卖不出去甚至亏掉血本，得不到应有的报酬。我们的项目把这彼此需要的两个群体捆绑在一起，把过去被中间环节吃掉的利润分给双方，这是我们的项目对经济的贡献。

三、农业项目投资的分析方法

农业投资项目分析的主要方法为成本效益法。该方法广泛应用于公共项目工程可行性研究。效益成本分析实质上是将项目效益与成本按一定方法进行量化，进而将其进行对比，以确定效益是否大于成本。一般而言，成本效益分析是前瞻性的，主要用来研究拟定的投资项目。成本效益分析的主要特征是系统地比较不同备选方案。成本效益的理论基础大都来自福利经济学。

概括而言，效益成本分析有如下五个步骤：

第一，确认项目的作用。首先要确认项目的各种影响效果。一般而言，农业项目的影响涉及产量、价格、收入分配及环境等方面。项目影响需要分别说明有项目和无项目的情景。这就包括在不确定条件下对未来趋势事件的预测。这一步骤的关键是尽可能准确地估计有项目和无项目的差异。

第二，实物量化项目的影响。这一步骤以实物形式量化第一步骤所确认的项目影响。比如农产品产量可量化为项目期内每年增加为若干吨。但有些项目如对社会安定、文化遗产保护及环境改善等方面的贡献很难予以量化。这些影响虽然在分析中需要进行描述，但不予以计量的分析。

第三，货币量化。这一步骤是对第一步骤所确认的项目影响和第二步骤所确认的实物量化进行货币量化。如上一步骤提及的每年增加若干吨农产品，需要以货币形式将其计价。这里的关键问题是价格。在没有市场扭曲的情况下，其价格反映商品或服务的成本，由此财务价格（市场价格）与经济价格的区别不大。但在现实生活中很少有完全竞争市场条件下的交易活动，这就导致了机会成本（经济价格）与财务价格（市场价格）的不同，进而引出了项目财务分析与经济分析不同的货币量化方法。

第四，汇总。这一步骤是汇总项目期内项目的所有的影响。其目的是分别将项目的成本和效益简化加总为单个的数据，以便进行对比。汇总方法有多种，其中最常用的是净现值法和内部报酬率法。其核心步骤是将未来的价值进行贴现。贴现率反映了货币的机会成本。

第五，风险性分析。这是最后一个步骤，主要决定分析结果对主要变量或参数的变化，包括其发生的概率的敏感程度。

四、农业投资项目实施与管理

（一）农业投资项目的实施

（1）应用先进农业科学技术

科技的落后始终是制约我国农业不断发展的重要原因，新时期在建设农业投资项目的过程中一定要注重对先进农业科学技术的应用，也就是说在进行农业投资项目实施的过程中，要增加对农业科技的投入。当地政府应根据自身实际，结合当地农业生产特点，及时花费相应资金引进先进农业生产技术，同时大力进行宣传，确保当地农民能够掌握先进技术，并应用这一技术，这就要求当地相关部门能够及时应用相关投资，为农民进行技术示范，将专业的知识传授给农民，给予推广单位足够的资金，确保宣传的及时有效性。在实施农业投资项目的过程中，资金是最基础保障，同时只有应用先进农业技术才能够提高项目质量，促进农业的进步。

（2）促使农民成为农业投资项目的主体

在实施农业投资项目的过程中，要重视发挥农民的主体地位，各项科学技术的研发、农业投资项目的进行都要以农民为主，同时农业也将是农业投资项目中最主要的受益者。近年来我国在不断加强农业和农村建设的过程中，农民对于科学技术的重视程度有所提高，也增强了对受教育的重视程度。然而在实施农业投资项目的过程中，仍然存在一定的问题。这是受传统农村习俗及封建思想所影响的，部分地区农民没有将资金应用到学习先进技术当中，而是应用到一些迷信活动当中，如建庙烧香等；在实施投资项目过程中，侧重于对物化型硬技术的应用和学习，而在一定程度上忽视了知识型软技术，导致不合理的农业科技投资现象的出现。例如，资金被大部分应用于化肥、耕地的购买当中，而没有及时采用新工艺和技术，在技术投资当中只对单项的农业技术感兴趣，忽视多项技术的配套组合，导致当地农业科技始终无法取得进步。同时投资科技的过程中，拥有较单一的结构，科技大部分应用于种植业，而对林、渔和副等产业的应用较少，导致农业发展存在不平衡现象。

（二）加强农业投资项目的管理

（1）更新理念

在进行农业投资项目的管理过程中，应注重采用先进的管理理念，从而实现农业的现代化经营。农业投资项目的建设是我国现阶段农业发展的主要方向，因此应使用国家财政理念来管理这些项目。将粮食主产区作为项目重点，在实践的基础上，促进我国粮食的安全长期增产；在科学发展观的基础上，提高我国粮食生产的服务能力；大规模改建中低产田，促进我国农田建设的标准化。新时期在管理农业投资项目过程中一定要采用先进的管理理念，将出发点落实到以农为本之上。同时农业投资项目管理过程中要以农民基本利益的满足为前提，在此基础上实现产业化经营，积极进行结构调整等。

（2）构建科学组织管理体系

在对农业投资项目进行管理过程中应从我国实际农业发展状况出发，在实践中促进管理体系的完善。综合整合林、农及水利等项目，并且在当地省份构建农业投资项目开发厅，督促并监督县级部门的工作，同时相关服务部门应及时参与到该项目中，提高资源利用率、节约资源；构建工程监理机制，促使农业投资项目在施工过程中拥有严格的监督和把关。在现阶段的农业投资项目管理过程中，由于没有专门的农业发展项目监理机构，因此由监理企业进行管理工作。现阶段我国的农业投资项目管理过程中由于项目既小又分散，而且拥有多种类型，因此在科学的管理体系当中应明确会计支出项目。

第二节　农业项目投资风险管理

对于农业项目投资而言，由于受农业生产本身特征的限制，使得农业项目投资面临的风险十分复杂，要想在农业项目投资中获取收益就不能因风险的存在畏缩不前。因而有效地分析农业项目风险，对保证农业项目投资的成功具有极其重要的作用。

一、风险和风险管理

目前，国内外对风险的定义还没有一个统一的认识。根据系统论观点，任何事物都是由一定相互作用、相互影响的要素组成的有机整体，风险也不例外，某种经济行为或经济活动存在某种风险，或者是某种资产存在某种风险，通常应该包括风险原因、风险的主体和风险损失的变动这三部分。如果没有风险发生的原因，风险就不会发生；如果风险不涉及任何人、财产、活动或没有损害则就不称之为风险了，如果没有风险损失变动，即损失是固定的，就如同固定资产折旧一样，定期折旧，同样不存在风险，因而从系统观点来说，风险是一个系统，由此笔者认为，可对风险进行如下定义：风险是特定主体，在特定期间内，由于内部因素和外部因素的变动性，使特定主体可能发生利益损失的变动。从定义中可以看出，风险的大小主要取决于风险发生的可能性和风险发生后的损失。故风险也可表示为：R-f（P，C）其中，R-风险，P-风险事件发生的可能性（即风险事件发生的概率），C-风险发生后的损失，f-风险系统各因素间相互作用的关系表示。

风险管理是一种有计划、有组织地控制项目活动的经济行为，它通过风险识别、风险估测和风险评价，并在此基础上优化组合多种管理方法、技术和手段对项目活动涉及的风险实行有效的控制和妥善地处理风险事故造成的不利后果，以最少的成本保证安全、可靠地实现项目的总目标。

风险管理的范围和基本程序在各种著作的论述不尽相同，国外通常把风险管理分为5个基本环节：风险识别；风险估测；风险评价；风险管理技术选择；风险管理效果评价。

在认识风险定义和风险性质的基础上，借鉴全面质量管理中的PDCA（戴明环）循环管理模式，可把项目风险管理分成4部分，即：风险识别、风险分析、风险控制和风险报告。风险识别主要是识别项目面临何种风险和存在哪些风险因素。风险分析是把在风险识别步骤中得到的数据通过某种特定的方法转变为信息。风险分析可分为定量分析与定性分析两个方面。定量分析技术主要取决于数理统计方法，例如，蒙特卡罗模拟等。定性分析比统计计算更依赖于判断，如德尔菲法等。风险控制是要确定措施或建立控制方法，减少或避免风险对项目过程或组成部分的影响。风险报告是在风险管理对策的基础上，撰写风险报告，并且进行讨论。

二、农业项目投资风险的特征

农业项目投资是通过增加人力、物力、财力和科学技术的投入，改善生产条件，增加生产手段，提高综合生产能力，在项目预定的时间和空间范围内达到项目预期收益的一种扩大再生产的经济行为。农业项目投资风险是指农业项目投资在项目生命周期内，由于项目内部因素和外部因素的变动性、复杂性和不确定性，使农业项目投资可能发生收益损失的变动。农业项目投资以农业生产为主要内容，而农业生产集合自然再生产和经济再生产于一身，这是农业企业区别于其他企业的特殊性，从而引起农业项目投资风险与其他企业项目投资风险的不同。

（一）生产对象具有明显的季节性

农业生产具有明显的季节性，只能在规定的季节播种、耕耘、收获，延误一个环节都可能影响项目的全部成果。农产品产出时间固定且往往集中，但产品的消费方式则不接受这个规律，因此使产品存在一个储藏和加工问题，对于经营者则存在一个资金周转问题，并增加了一个由于需要保存产品等待市场成交的市场风险。

（二）项目投资具有较差的预见性

由于农业项目投资实施周期长，因此在评估过程中使用的预测数据所包含的不确定性更大。农业项目投资不像工业项目投资那样可以较快地连续投入，很多项目的资金投入期会受到季节和气候等方面的影响而有所间断，从而使投入的时间加长。由于农业项目投资的生物学特征，有些项目在基本建设投资结束后还要经过一段时间才能收到效果。

（三）生产技术的不可靠性

农业企业生产技术在强化农业自然再生产过程中是有条件的，且强化对象（植物和动物）的状态是不稳定的，因时而变，因地而变，因其他相关条件的影响而变，从而决定了农业企业生产技术的一系列特点，一是不稳定性；二是区域适应性；三是操作者的水平对技术效果影响很大。从而要求农业技术在应用时需长期跟踪，因地制宜地研究，以保持和提高其有效性，从而减少技术风险。

（四）生产组织管理的不稳定性

就我国目前情况而言，农业企业生产的来源、生产和管理人员的素质以及技能都不易把握和提高，再加上生产环节的特点，使得生产组织难以优化和实施有效管理。现实的矛盾往往是强化组织管理则会以牺牲效率和增加成本为代价。生产管理过程的不确定因素多，导致生产经营目标难以控制和实现，从而增加企业经营风险。

三、农业项目投资的风险防范

（一）避免投资农业"勇者无畏"

农业生产的自然再生产与经济再生产相交织的基本特点决定了农业的高风险性，我国是农业大国，具有特殊的历史条件和现实条件，农业面临自然风险、市场风险、信息风险、信用风险、技术风险、竞争风险等诸多风险的严重威胁。因此农业投资是一项风险投资，特别是想做农业的人不懂农业，自始以来没和农业打过交道，连农作物都认不全。有的商人、房地产开发商等老板转型投资农业时一腔热血，他们创业精神可嘉，规划美好的发展蓝图，打造想象中的农场、庄园。投资农业完全是凭着所谓的情怀，盲目的胡乱闯入农业圈，认为自己有点多余的钱，有点人脉，祖辈种过地或养过鱼就开始做农业项目，原本想成就一番大事业，最后发现连找几个初始客户都很艰难，而且农业投入越来越大，等到后面资金链断裂，只好草草收场，投入的资金收不回，遗留地块长满野草，欠农民工工资、农资款等，遗留下很多矛盾，最后政府出面兜底处理。自己赔钱还带来社会负面影响。

（二）避免矛盾，注重和谐互赢

做农业要和农民打交道，要和当地政府打交道，这个行业需要很多资源，包括人际资源，还需要管理手段。如果在这个领域完全没有基础，下无所根，上无所蒂，实施起来，难度一定不会小的。一个经营主体顺利发展靠地方政府的支持和百姓支持，在当地发展项目一定要和当地各方面友好为善，不能发生冲突，比如说，当项目与所在地农民发生利益冲突时，如何维护自己合法权益，一方面需要通过合法的途径来为自己申权保护，一方面需要有影响力的人帮你协调，或者是有关部门强力介入支持。如果不能够做到，即使公理向着你，最终你也未必能全身而退。农民的利益高于一切，发生矛盾时候，只能以广大农民利益为上。处理好各方面关系，多用当地农民工，特别是流转土地的农民，给他们提供劳动岗位，增加收入。让他们觉得土地承包了以后，一方面拿到稳定的土地租金，同时还又在自己流转出的地块上打工，又增加了收入。这样双方盈利，使经营的农业项目健康长久发展。

（三）避免用理论数据赚钱，巧用"1加1大于2"

投资农业规划预算很重要，但不能用自己没有经过实践的理论数据来计算自己的盈利。农业生产受地域、气候、管理等要素制约，相同品种在不同的环境下最后产出的结果肯定不同。单体农户做农业是赚钱的，但赚的是个人工资钱，以种植蔬菜大棚为例，自己家两个劳力可以管理三个规格是每个壹亩的温室大棚，一年收入可以达到10万元。如果是雇人管理，两个人管理三个大棚，管理的好能够赚回人员工资，管理不好人员工资都赚不回来。

有的经营主体承包500亩土地经营赚钱，而下一年扩大规模承包1000亩反而赔钱。赚钱和规模是不成正比的。做农业项目最大的忌讳就是按农民自己家的收益叠加来核算企业的未来收益，农民管理自己的土地，和雇佣他们管理企业的土地绝对是两个效果。想赚钱必须从实际出发，经营者需要先进的经营理念和洞察市场变化的敏锐性。初始发展农业一般不建议规模过大，需要求精，切不可过多超出自己承受能力。做农业不能大方，要精打细算，充分利用好农业生产过程的下脚料和利用好经营地块内的空间、沟渠、水面，因地制宜发展项目。比如地块内需要开挖排水沟，那么可以在沟内养龙虾、鱼类，田埂上栽果树。果园内做好林下经济，发展养鹅除草，养鸡吃虫，做好循环农业，一环扣一环，做到一加一大于二的模式。

（四）避免盲目追风

农业的范围太大，任何一个项目，做进去之后就会发现可关联的领域太多了。本来是想养猪，说不定之后就会觉得做饲料很赚钱，然后还会发现屠宰、深加工也很不错，再深入下去会发现可以做的事情多得不得了。有些项目，一开始很单纯，后来却衍生出了一大堆的东西，再到后来，面对一个大摊子，发现精力完全不够，自己都不知道自己要做什么，最开始的那个项目则已经被弄得根本不成样子。盲目追市场，看今年什么行情好明年就发展什么，永远跟在市场后面。对自己开始发展的项目中途持怀疑态度，最后半途而废。决定发展某一个项目前多考察，多听听失败和成功的教训和经验，要考虑到最坏的结果，把收益定低点，什么都想到了，最后会得到喜人的回报。

（五）避免依赖补贴和贷款

现在的水稻、小麦、玉米主导产业的粮价不高，目前的补贴有农业综合补贴、农机购置补贴、测土配方施肥补贴等。有部分做农业的，是奔着国家财政补贴去的，什么还没做，就打听有没有补贴什么的。即使有补贴也不懂如何申报和申报技巧。投资几十万甚至是几万就想着国家能给几百万的财政补贴，这样做农业的没见到做得好的。首先国家补贴不是随便给的，现在的项目很多是要资金配套的，而且国家资金投入是有方向性的。还有经营主体资金不足、过分依赖银行、本来做农业就是投入大产出小、周期长，再加上支付银行的利息，最终赚不赚钱就打个大大的问号。

四、生态农业项目风险管理

（一）生态农业的概念

1.生态农业的内涵

美国的生态农业是一种"可持续农业"，是一种通过尽可能减少化工农资产品的使用，主要依靠作物和人工技术来提高农产品质量，改善农业生态环境，提高生产效率与效益的农业生产体系。我国的生态农业也是强调生态本质的"可持续农业"；是尊重农业资源差异性，具有显明的区域特色与生态模式组合的农业；是遵循生态和经济规律，进行系统化集成与产业化经营的农业；是在有效的传统农业经验上，运用现代管理与技术手段建立起来的现代化农业。简单地说，就是"生态合理的现代农业"。

2.生态农业的特点

（1）持续性

生态农业以可持续发展为目标，它使农业发展建立在环境保护的基础上，既可以治理污染、保护和改善生态环境，又可以增强食品安全性，提高食品质量，最大限度满足人民对高品质物质生活的需求。

（2）多样性

我国自然与气候条件多种多样，农业资源分布极不平衡。生态农业要建立在当地的自然基础之上，尊重地域差异，结合先进科学技术，充分利用地域优势发展多种生态农业模式，促进各地协调发展。

（3）高效性

高效性与传统农业以往单纯追求高效率、高产量不同，生态农业利用先进科学技术，实现废弃物循环再利用，降低农业生产成本，提高生产效益，是一种经济效益与生态效益和社会效益的协同发展的现代农业。

（4）综合性

生态农业立足大农业，主张"农、林、牧、付、渔全面融合。三次产业协同发展"，优化农业产业结构，发挥农业生态系统整体性功能。

3.生态农业的目标

发展生态农业，其目标就是充分利用自然资源并保护与改善生态环境，实现农业的可持续发展。具体来说包括以下几个方面：

（1）优化生产结构

以市场和国家需求为导向，依据各地自身自然资源，促进产业结构与农业生产结构的全面调整，将资源优势转变为经济优势。

（2）美化村镇环境

通过生态农业建设，循环利用资源，降低生产成本，减少环境污染，使我们的村镇变得清洁卫生，山清水秀。

（3）高效利用资源

生态农业对水、土及生物资源高效使用；通过各种技术手段，提高资源利用率；通过改变耕作模式，缓解对土地等资源造成的压力。

（4）生产健康食品

生态农业坚持无公害生产，严格控制化肥农药使用，提倡使用农家有机肥，生产的农产品没有污染或者污染较少，产品品质安全可靠。

（二）生态农业项目风险管理

1.概念与过程

生态农业项目风险管理是指将先进的风险管理系统化理论与方法应用于生态

农业项目管理过程中，使生态农业项目风险管理更加精准、科学、高效。为了提高风险管理效率，同时使叙述更加简洁明了，这里将风险资料收集与规划融入风险识别过程中，将生态农业项目风险管理的过程分为四个主要阶段，依次为：风险识别，风险评价，风险应对，风险监控。

2.特点

生态农业项目风险管理具有以下特点：

（1）主动性

变被动应对为主动管理，建立风险防控体系，积极对风险进行监防控，以防为先，将风险尽量控制在最低程度。

（2）系统化

由于生态农业项目风险因素体系庞大复杂，因此其风险管理也是一个有机整体，要用系统化思维分析问题，全面、系统地分析风险因素的综合危害及相互之间的影响，综合性，系统化的实施风险管理。

（3）动态化

随着生态农业项目的推进，风险也在不断变化，因此，生态农业项目风险管理也是一个贯穿项目全程的动态化的过程。

（4）阶段性

因为农忙时风险高，农闲时风险较低，所以，生态农业项目的风险管理也会随生产季节转变而呈阶段性变化。

五、农业综合开发项目的风险管理机制建设

农业综合开发项目主要指的是在区域范围和时间均确定的前提下，经过相关管理部门批准，为取得社会、经济以及生态三方面效益由建设单位组织运用综合措施开发农业资源的投资性活动。而与之相对应的管理指的是为达到综合开发农业资源的目的，由各级农业开发管理部门实行的管理，以农业综合开发相关制度和政策为依据，综合地开发农业资源。其实，农业综合开发是政府为农业提供发展机遇的举措之一，可以使其基本生产条件得到改善，综合生产能力得到提升，实现农业和农民增效、增收。

（一）重视前期风险管理，形成管理模型

现阶段，对于农业综合开发项目，我国的风险管理意识相对薄弱，未引起项目领导层的高度重视，通常是处于被动管理状态，而主动管理的意识不足，在此种管理状态下容易给项目造成程度不一的安全隐患问题。对于此，要求各级管理部门应不断提升风险管理意识，在项目整体管理内容中纳入风险管理内容，从项

目评估开始直到项目实施均需要做好全面排查工作，找出其中可能导致风险问题的相关因素，并对风险事件进行准确、及时的判别，形成与之相对应的应对预案，达到标本兼治的目的。

对于农业综合开发项目来说，风险管理策略的建立对风险控制尤为重要。识别、衡量、管理、监督是风险管理的四个阶段，各阶段均需要采取对应的管理策略。识别阶段应采取有效措施对项目周期中存在的风险和潜在风险因素进行判断，在这一阶段不仅需要识别风险，还需要对风险的正面及负面效应进行辩证分析。衡量阶段则需要对识别后的风险做进一步评价和估计，基于风险识别，在收集相关资料的前提下作出分析和判断，通过数理统计和概率对风险出现概率和损失程度进行预测和估计。风险衡量是基于安全指标对风险程度进行衡量，以确定风险处理的顺序。风险管理是直接控制风险的重要步骤，同时也是关键环节，在风险管理期间，如果风险识别和程度确定后，则需要对项目规模、目标以及风险发生允许程度进行综合考虑，以强化风险的正面效应，应付负面效应。风险监督主要包含两个方面，一方面是监督风险的出现，另一方面是监督风险管理。监督风险的出现就是监督和控制风险源，便于将风险事件及时、准确地消灭，使风险造成的损失降低；监督风险管理则是指相关技术和组织方面措施的严格执行，使人为因素对风险的影响降低。只有控制好风险，才能保证农业综合开发项目的顺利进行。

（二）重视中期风险管理，形成应对机制

通常情况下，农业综合开发项目需要较长时间的实施，因此其风险也具备突发性和多样性特点，且在项目实施全过程中均有可能出现，所以各级主管领导应针对具体项目情况建立形成从上至下的风险管理机制，从立项开始直到成果使用均需落实风险管理机制。同时，从农业综合开发项目启动开始，再到制订计划、计划实施、后期验收等各环节项目相关人均应形成主动控制和全过程管理的应急机制，以准确地把握可能出现的风险，并反映和处理好风险，使项目抗风险能力得到进一步提升。

针对农业综合开发项目中已经确认的风险事件，管理部门应积极地采取措施形成应对机制，以控制和避免风险，风险应对机制主要包括规避、控制、自留以及转移等。其中，规避机制就是针对存在风险的农业资源和项目方案等弃之不用，此种方式可以从根本上规避风险；控制机制属于主动式措施，一方面可以减少风险造成的损失，另一方面可以预防风险造成的损失；自留机制指的是由自己承担风险，分为非计划和计划性两种自留方式；转移机制是通过技术和知识等转移现存风险，将项目中存在的风险排除。这些应对机制均可以达到降低风险造成损失

的目的，但需要以项目实际情况为依据选择适合的应对机制。

（三）重视后期风险管理，形成信息网络

在农业综合开发项目交付使用之后也不能忽视风险管理，且这一阶段的风险管理相比于前期、中期管理更为重要。农业综合开发项目是国家为保护农业资源、支持农业发展所采取的措施，通常需要较长周期才能完成，并且完成后项目不仅影响范围大，而且影响时间长，因此在项目完成后期需要重视风险管理，这对项目的使用和效益的发挥有直接影响。

对于农业综合开发项目来说，其新阶段的重要工作就是信息化管理，这也是政府部门转变职能的需求，同时也是创新管理方法的主要途径。对于风险管理，应以先进管理手段为支撑，形成管理信息系统，实现社会资源的共享，以实现风险相关信息的及时、准确获取，同时安全、高效的应用这些信息，而这些工作的前提是有针对性、实效性的收取并管理信息，不仅要考虑信息的精度问题，还要考虑信息的收益和成本之间关系，这样才能充分实现信息效益，使风险管理效率和水平得到强化。

第三节 农业项目投资评价

一、农业风险投资项目评价

（一）农业风险投资的概念界定

目前对于农业风险投资有广义和狭义之分，从广义上来说它是指在农业领域进行的风险投资，但是从狭义上来说它代表的是在农业高新科技领域的风险投资。众所周知的是风险投资一般选择的项目都是高新技术产业，因为其不但代表新技术新力量，而且发展前景广阔。所以高新技术产业的发展得益于风险投资，风险投资也会因为高新技术的发展而获得较高收益。

根据2012年任小璇对我国农业高新科技成果的研究，现在我们国内的高新技术产业领域发展比较好的是生物方面的基因和克隆技术；农业灌溉以及网络技术；还有现代化机械技术；农产品精加工、保鲜技术；精准农业技术；新能源、新材料技术；以生态农业为主的农业技术。因为当前科技产业的发展前景广阔，所以风险投资机构也越来越愿意将资金投入其中。风险投资正是瞄准了在农业领域进行投资之后可以获得增值利益，所以想通过对农业高新技术的投资获得高额利润，获得投资的农业产业在劳动率和生产效率方面都会有一定程度的提高作用。

（二）农业风险投资项目评价的特点及必要性

农业风险投资项目评价具有诸多特性，包括项目评价多阶段性，投资主体多元性，影响因素复杂性以及项目投资的持续性和高风险性，而这些特点同时也揭示了农业风险投资项目评价的必要性。

（1）投资的多阶段性

在进行农业投资的项目选择时，我们必须意识到这一投资需要经历不同的阶段，而且不同阶段会具有各自不同的特点。和其他行业的风险投资阶段类似，农业风险投资也需要经历初始阶段、成长阶段、发展阶段和成熟阶段。不同阶段的风险投资所持续的时间、所需要的时间以及风险投资会遭遇到各种不利因素都具有千差万别的变化。例如，在初始阶段，由于这一阶段属于整个过程的开始，所以企业正处于研发阶段，需要大量的资金进行技术研发，而且市场因素的影响会造成这一阶段的风险率增加，我们无法确定研发后的产品是否具有市场适应性，也无法确定产品的销量和市场竞争力。所以在对农业项目进行风险投资时，尤其是对农业高新产业的投资，我们就必须清醒地意识到每个阶段的不同特征，对不同特征的分析可以更加全面地了解风险投资过程。

（2）投资主体的多元性

在农业领域进行风险投资时，不同阶段的投资主体会发生改变，因为投资主体的多元性造成了在投资的不同阶段，会有不同主体来承担那部分风险。除此之外，在同一阶段中也有可能出现多个投资主体。在国内，在农业高新技术领域的投资初始阶段主要是国家和政府作为投资主体给予资金支持和承担风险。但是在国外，初始阶段主要是投资机构和研发部门作为投资主体，等到进入成熟阶段之后，投资主体会有所扩大，工作人员和农民等可以一同作为投资主体参与到投资中去。

（3）影响因素的复杂性

风险投资项目的评价体系会受到许多因素的影响，主要因素的变化还会引起投资项目发生风险性的增加。例如，在农业领域进行风险投资的项目评估时，我们必须加入考虑自然因素的影响，因为一旦发生地震、干旱、洪水等自然灾害，农业的生产就会受到严重的破坏。所以在进行项目评估过程我们要建立不同的指标，这些指标主要包括企业管理、产品和技术、市场、环境这几个主要方面。风险投资影响因素的复杂性和不确定性的存在，直接影响到产业的最终收益和风险投资的资金收回，所以这些因素的复杂性最终会加大项目选择的难度。

（4）长期性和高风险性

风险投资是一个长期的过程，而且存在很大的风险，这些特征会使农业项目的投资难度加大。首先，加之农业本身的特点，农业项目的投资需要资金的集中投入，但收益却十分分散。我国的当前形势决定了农业风险投资的最终收益来自分散农户的收益总和，而对分散农户的监控难度远远大于一般企业对一个集中生产单位的监控难度，而且农户在受教育程度、技术与道德素质方面的限制也增加了项目的投资风险程度。同时农户的分散和组织化程度低下也会提高农业技术知识产权保护的难度。我国目前农业的经营模式都是小农经济，基本上都是以家庭为单位进行农业生产，这种分散的农业生产不利于风险投资价的进行，所以农业风险投资的项目评价体系在建立时还需要考虑市场能力。上面提到的各个因素最终都会造成农业投资的风险率变化。

对于农业风险投资的特征总结是为了保证评价系统的建立更加完善，保证投资者的利益。在投资过程中，不管投资主体是国家还是机构，都需要一个完善的体系来进行投资项目的评估，这样可以避免不必要的风险，提高农业生产效率，以及增加经济效益最终实现社会的进步和人民生活水平的提高。

二、休闲农业投资评价指标体系的构建

农业投资是将一定数额的资金或有形、无形的资产投入到农业领域并获得回报的经济活动。农业投资从属性来看主要包括公益性、基础性、竞争性。只有农业的持续稳定发展才能保证社会稳定、国内生产总值稳健增长，人们生活质量不断提升。

休闲农业投资是我国现代农业投资的重要组成部分。休闲农业投资与其他农业投资相比侧重经济效益和社会效益均衡，投资规模相对较大，投资的时间相对较长，投资主体多以企业、农民合作社为主，政府从政策制度方面引导，农户广泛参与的农业投资。

（一）评价指标体系构建的基本原则

投资评价体系构建按照投资管理的思想和方法，结合农业项目评价实践，坚持以下几项原则：

第一，真实性原则。指标数据设计及计算依据必须具备科学的分析态度，选择具有实际价值意义的指标、如是客观反映投资项目的各方面因素及技术目标。

第二，针对性的原则。评估指标体系的构建应综合考虑经济、社会、环境等方面因素，指标才能如实评估出效益价值。投资评价体系指标所选择的指标，要对农业项目的特殊性设计了专门的指标测量项目的社会效益。

第三，可操作性、可计量的原则。投资评价体系指标所选择的指标，均可以计量的，可以保证农业投资项目评价的客观性和公正性。客观的分析必须建立在准确的数理逻辑分析基础之上，从而减少因主观因素而产生分析偏差。

第四，经济效益与社会效益、生态效益并重的原则。农业项目不仅要注重经济效益，更要注重农业项目在带动农民增收，提高农村的社会效益，保护生态环境可持续发展的生态效益。

（二）投资评价指标体系的风险评估

（1）项目投资风险评估

风险评估是评估事物发展过程中可能带来影响的程度。项目投资风险评估就是分析确定项目投资风险的过程，建立科学化、适应性项目投资风险评估方法，必须通过翔实的资料数据，进行定量、定性分析，对项目投资风险进行有序、客观、公正、有效分析，并提出规避、化解风险的有效措施方案。

项目投资风险评估从内外双重因素角度分析，进行识别评估主体存在风险，评估风险存在影响因素，明确评估主体风险承受能力，确立风险控制等级，提出风险规避措施方案等工作。

项目投资风险评估要求对资产进行详细识别和评价，对可能引起风险的威胁和弱点水平进行评估，根据风险评估的结果来识别和选择安全措施。

（2）项目投资风险评估的主要方法

项目投资风险评估的方法主要有风险因素分析法、内部控制评价法、分析性复核法、定性风险评价法、风险率风险评价法、检查表评价法、德尔菲法、决策树法等。风险因素分析法是对风险因素进行评价分析，确定风险大小的风险评估方法，侧重对风险因素的把控、分析、预防。内部控制评价法是财务审计机构常用于被审计单位内部控制结构的评价而确定审计风险的一种方法。分析性复核法由注册会计师对被审计单位主要比率或趋势进行分析方法。定性风险评价法通过观察、调查与分析，并借助注册会计师的经验、专业标准和判断等能对审计风险进行定性评估的方法。风险率风险评价法用来定量风险评价法的一种，侧重风险与安全措施之间评价分析。检查表评价法根据检查表，对检查对象按照一定标准给出分数从而评定风险大小。德尔菲法在对所要预测的问题征得专家的意见并进行归纳总结进行问题分析方法。决策树法利用树枝形状的图像模型来表述投资风险评价问题，投资风险的评价可直接在决策树上进行。

（3）风险评估指标体系

风险评估指标体系主要从技术、资金、市场、管理、社会与政策、退出或中止等几个方面进行评估。

第一，技术风险是由于项目技术本身的不足及可替代的新技术出现等给投资所带来的风险。从技术的研究阶段、更新换代技术、技术研发周期、技术操作性等方面判断。

第二，资金风险是投资者最为关注的。财务状况的混乱可能会直接影响企业的经营业绩和发展实力。在进行评估时，主要考量项目操作方的财务状况、融资能力、资金流动情况等方面。

第三，市场风险指由于各种内外部因素导致能否赢得市场竞争优势的不确定性。具体考察因素包括市场规模、市场竞争力以及项目操作方的销售能力等。

第四，管理风险指管理不善导致投资失败的可能性。管理水平的高低是导致项目成败的关键，这部分指标主要考察的包括管理者背景、素质、经验及各方面能力等。

第五，社会与政策风险是由于国家政策、法规、政治经济环境的变动导致市场需求发生改变所引发的风险。重点考察国家产业政策、地方政府政策以及政治经济环境等。

第六，退出或中止风险主要考察的指标有投资回收期、项目移交和清算、资本的退出方式等方面。

风险投资固有的高风险特征使得初始投资决策十分重要。研究项目筛选和价值评估机理的目的，正是为了正确认识风险投资项目在价值形成、影响因素等方面的内在规律性，为投资者正确评估风险项目，作出正确的投资决策奠定基础。

三、农业项目多元投资的具体评估特点

（一）农业项目政府投资的评估特点

市场经济条件下的政府，是以社会公共利益代表者的身份出现，主要为社会提供公共产品和弥补市场失效而存在。其投资行为要力求达到效率与公平的最佳结合，实现整个社会的、综合的、全民的福利。政府农业项目投资的评估特点，主要表现为公益性、公开性、导向性和效益性。其中，公益性、公开性和导向性是相对政府资源配置目标、监督管理目标的评估特点，导向性和效益性是相对政府扶持保护目标的评估特点。

（1）公益性

政府投资的公益性，要求政府投资不应只以经济效益为目标，而要更多地注意投资受益范围的广泛性和投资受益时间的长期性。政府投资项目讲究的是社会总体效益，而非财政资财本身的所费与所得的直观比较。这是因为财政资财的支拨过程和耗用过程，涉及社会再生产过程的各个方面和各个环节，即涉及物质生产领域和非物质生产领域，涉及中央与地方、国家与企事业单位。关系到各阶层在社会产品分配中的经济利益，从而影响着社会再生产过程的各个方面。因此，政府投资项目的评价，不能限于政府投资项目本身的直接效益，而应从社会总体

出发,把财政资财的支拨与耗用放在社会再生产总过程中来考查,才能得出正确的结论。政府投资项目反映一国政府的政策选择。如果政府决定以一定的数量和质量向公民提供产品和服务,那么政府投资项目实际上就是执行这些政策所必须付出的成本。财政政策的目标是为了实现国家的宏观经济和社会发展目标。因此,对政府投资项目效益必须从全局的、长远的角度来考虑,而不能单考虑眼前的、局部的和微观的利益。政府的农业项目投资主要应集中在那些企业、农户等投资主体不愿意投资,但又是农业持续、稳定发展必需的项目上。

(2)公开性

市场经济的基本要求是公开、公平、公正,公共财政农业项目投资更要坚持公开性,提高透明度,依法规范政府农业项目投资的管理和使用,接受各方面的监督,确保投资和运作的高效率,最大限度地杜绝各种腐败现象。

(3)导向性

导向性就是指政府对其他投资主体资金流动的导向和产业发展的导向。在政府投资活动中,财政支出的主要目的是为了满足公共需要,因此,对政府投资项目效益的衡量在内容上不仅要考虑各类财政分配活动的直接结果,同时还要考虑各种间接结果;不仅要考虑是否满足了公共需要,还要考虑是否产生了"挤出效应""乘数效应"和"外部效应"。导向性要求政府选择那些符合农业产业结构调整方向的农业发展项目,扶持代表农业产业发展前景的重点领域,引导企业、农户资金投向农业项目。

(4)效益性

政府对农业项目的投资,必须高度重视公共财政的综合效益,追求农业项目投资效益的最大化。按照科学发展观的要求,实现经济效益、生态效益、社会效益的有机结合。有利于以有限的公共财政支持农村经济、社会的持续发展,支持农村资源的良性循环。

政府对农业项目多元投资评估特点中的效益性特点,主要体现在两个因素上。政府投资引导、扶持的农业项目,财务基准收益率应大于社会折现率8%,至少应大于行业基准收益率6%或7%。项目风险降低到一般项目风险水平。

财务基准收益率要达到行业标准,农业(种植业)融资前税前财务基准收益率6%,农业(畜牧业)融资前税前财务基准收益率7%。政府引导、扶持的结果,要能使农业项目投资其他因素收益率之和大于项目财务基准收益率1%~2%,大于社会折现率8%。项目风险降低到一般项目风险水平。

(二)农业项目农户投资的评估特点

农户投资配置到农业项目时,农户家庭的主要资源一家庭劳动力、家庭生产资料也面临选择。所以，农户还要评估家庭劳动力、家庭生产资料的转移成本和投资收益。家庭劳动力、家庭生产资料投入农业项目，转移成本要小于非农项目，投资收益要大于非农项目。

四、我国农业投资项目财务评价体系

目前我国农业投资项目所使用的财务评价体系普遍借鉴了工业项目的财务评价体系，是以项目的现金流量表为主要依据，根据表内各指标计算出各种财务指标，来反映项目财务可行性，满足投资人的决策需求。主要包括盈利能力分析、清偿能力分析和不确定性分析。

（一）农业项目财务评价指标体系存在的问题

随着农业投资理论与实践的不断深入发展，农业项目自身特点与财务评价指标体系之间的不适用性已越来越多地表现出来，具体包括以下几个问题。

（1）原有指标存在的缺陷

首先，投资回收期指标只进行静态分析，缺少动态分析。我们知道，投资回收期分为静态投资回收期、动态投资回收期、静态追加投资回收期和动态追加投资回收期几种。现行的建设项目财务评价中，由于动态指标计算烦琐，普遍只简单地采用静态投资回收期一种形式。实际上，静态投资回收期由于未考虑资金的时间价值因素，计算结果往往较其他计算方式短，这样不利于投资者准确把握项目投资风险，作出科学决策。

其次，对于农业项目，净现值指标不能全面地反映其投资收益。在建设项目的财务评价中，净现值是使用得比较广泛的一个指标，它的优点是考虑了资金的时间价值，并且以定量化的形式表示项目的投资收益，直观且易行。但是，净现值指标也有一定的缺陷。比较明显的是，该指标不能说明项目在运营期内各年的经营成果，更不能反映出单位投资的使用效率，同时，如何确定基准收益率的问题也很有争议。笔者注意到，使用净现值指标计算出的农业项目投资收益普遍较高，这与农业项目的规模较大的特征不无关联，但是单位投资的收益状况却无法从该指标中反映出来，因此，仅用净现值指标衡量农业项目投资收益是有失偏颇的。

最后，清偿能力评价指标存在着较大的局限性。农业项目使用的清偿能力指标主要有借款偿还期、资产负债率、流动比率和速动比率，仅以这几个指标来衡量农业项目的借款偿还能力并不全面。它们不能全面地反映出项目潜在的资产变现能力与全部债务的构成，如流动比率，仅仅是通过流动资产与流动负债的比例关系确定项目资金的流动性，判断项目短期资产到期转化为现金偿还短期负债的能力。实际上，农业项目的建设周期一般较长、资金周转速度一般较慢、资金回收存在着较大的潜在风险，而现有的这4个指标均无法体现出这些特点，一些影响项目资金变现能力和短期债务偿还能力的因素未能以定量的方式表示出来，导致清偿能力评价不全面。

（2）未考虑农业项目的多元投资主体

现行的农业投资项目财务评价指标体系只注重项目的总体效益分析。事实上，在进行项目财务评价时，虽然通过编制全部投资的现金流量表可以计算出投资利润率等其他产业项目的常用指标，但这些指标只是针对企业一个主体的。我国的农业项目有3个重要的投资主体——企业、农户和政府，其中企业与农户还处于同一产业链的不同环节，属于上下游关系。对于若干个相互独立且又具有一定联系的投资主体，需要考虑不同的数据和参数，进而形成不同的财务评价结论。因此，简单地套用一般项目指标体系的财务评价模式，对于投资主体多元化的农业投资项目是不科学的。

（二）农业项目财务评价体系的应用

为了说明现行的农业项目财务评价体系在评价项目可行性时存在的不足，这里应用一个实际案例作出分析。某新建项目，类属畜牧养殖业。项目总投资3728.01万元，占地面积约3公顷。主要进行基础设施建设和设备购置投资。项目计算期为14年，其中建设期1年，第2年为投产期，生产负荷率为70%，第3～14年为达产期，生产负荷率为100%。预计年产值1564万元，利税517.02万元。贴现率按10%计算。根据实际资料选取财务基础数据，按有无对比法，经计算分析得到简化的全部投资现金流量表。

盈利能力分析：财务内部收益率、财务净现值、投资回收期、投资利润率；清偿能力分析：借款偿还期、资产负债率、流动比率、速动比率；不确定性分析、盈亏平衡分析、敏感性分析。通过报表数据分析可知，该项目的投资利润率29.08%；税前静态投资回收期4.07年，税后静态投资回收期4.73年；税前财务内部收益率35.62%，税后财务内部收益率28.28%；税前财务净现值4100.92万元，税后财务净现值3559.02万元；借款偿还期3.24年；资产负债率54.45%；流动比率4.07；速动比率2.07；盈亏平衡点47.87%。

可见，本案例中，应用现行的农业项目财务评价体系的评价结论认为这是一个前景极好的项目，具有财务上的可行性。根据财务分析报表数据可以推算出，项目建成后，年均收入1210.56万元，年均利润总额550.11万元，达产后年均收入1703.76万元，年均利润总额822.31万元，年均单位面积收入约为567.92万元／公顷，年均单位面积利润约为274.10万元／公顷，显然，这样的纯收入和利润相当高。

但是笔者考虑到农业项目受自然环境影响较大，如假定该项目所在地区近10年内自然灾害的发生概率为25％，那么可以认为其收益和利润应当扣除自然灾害发生的情况，进而将会减少25％经济利益；再考虑农业项目具有多个投资主体，应扣除各个利益相关有的应得利润；最后如果再将项目受市场风险影响的多个因素考虑进去后，最终的项目财务效益很可能并不很高。

因此可以认为，仅仅从盈利能力、清偿能力和不确定性分析来评价农业项目的财务效益不能完全满足农业投资项目经济评价的要求。实际上，在农业投资项目可行性研究财务分析中计算出来的项目总体效益普遍较好，这是农业项目自身特点、现有指标体系和计算方法所共同决定的。这样的财务评价体系对农业项目来讲并不全面，现行体系中的指标设置存在不足。

第四节　政府投资农业项目的管理

随着我国政府对农业投资规模的逐渐加大，农业项目管理的任务也越来越重。为促进政府投资农业建设项目决策水平和投资效益的提高，必须进一步完善政府农业投资体制，改进政府投资农业项目管理模式。

一、我国政府投资农业项目管理存在的问题

（一）政府投资农业项目管理体制迫切需要改善

当前政府投资农业项目的状况是渠道和来源很多，如计划、财政、科技、农业、水利、林业等，但各部门投资的对象单一，投资重点多是本系统的单位，系统外投资基本没有。投资的多部门管理以及投资在部门（或系统）内运行，相互之间缺乏统一协调的有机配合，致使重复投资和分散投资同时存在，一方面重复投资造成浪费，另一方面投资分散不配套，形不成合力。导致项目难以实现预定功能与目标，迫切需要实施"投资整合"。

（二）政府投资农业项目管理模式迫切需要改革

目前，我国对政府农业投资项目基本上是延续计划经济时期高度集中的管理模式，即"投资、建设、管理、使用"四位一体的政府投资工程管理方式。在这种模式下，建设与使用同为一体，由使用单位组建临时的基建班子，其人员往往对基本建设程序和相关法律法规不够了解，缺乏工程技术、工程建设的专业知识和项目管理的经验，难以做到项目管理的科学化和专业化。

一个工程项目建成后，项目管理人员随之被解散或者转入生产管理，项目管

理经验难以积累。在这种模式下，建设单位往往从部门利益出发，争项目、争资金，千方百计扩大投资规模，导致"钓鱼工程""三超工程（超规模、超预算、超概算）"，造成社会资源的极大浪费。这种落后的管理模式已经不能适应工程建设和市场经济发展的需要。

（三）我国政府投资农业项目管理存在的问题

1.项目前期工作不到位，不重视可行性研究

农业建设项目可行性研究是指农业建设项目投资决策之前，对其涉及的社会、经济、技术、环境等方面，在调查研究的基础上，对各种可能采用的建设方案进行技术经济论证和比较，对项目建成投产后的经济效益、社会效益、环境效益等方面做全面预测和分析。在此基础上，提出项目应具备的主观和客观条件及最佳工程内容和规模、适宜的工艺和设备、合理的经济技术指标，为决策部门提供决策依据。但往往农业建设项目的可行性研究工作不到位，建设单位不开展可行性研究工作，把可行性研究工作全部交给咨询机构，而咨询机构忙于抓收益，可行性研究的手段和方法落后，可研报告编制粗糙，难以起到可行性研究的作用。

2.项目进度滞后，管理效率低下

根据统计情况来看，农业建设项目完工率和竣工率不高，严格按照批复要求完成的省份不多。

3.项目法人责任制、招投标制、监理制及合同制未落实

（1）项目法人责任制难以落实

前几年，许多农业项目以工程指挥部或项目办公室的形式组织建设，政企不分。近几年，虽然一些项目在名义上落实了项目法人责任制，但事实上能够对项目有决策权的仍然是上级农业主管部门。项目建设单位与上级主管部门关系不清，职责不明，项目法人无法独立履行职责。

（2）招投标存在诸多问题

为了加强对招标投标的规范管理，国家制定了一系列的法规、规章及政策性规定，使我国农业建设项目的招标投标活动向着规范化、公开、公平、公正、节约投资等方面又迈进了一步，取得了一定成绩。但不少问题仍然存在，有的还十分严重。

通过项目检查发现存在以下一些问题：领导直接干预、使用各种手段规避招标、投标人使用虚假资质、不按规定程序进行、排斥潜在投标人、搞地方和行业保护；一些部门仍然习惯于行政审批和管理，政企、政事不分，行政领导既当裁判员，又当教练员和运动员；有的无视《中华人民共和国招标投标法》及其配套法规、规章及政策性规定，不依法招标；有的招标投标在具体操作时存在许多不

规范动作；有的单位串通招标投标，谋取不正当利益等。

（3）合同执行不严格

由于工作人员知识方面的欠缺，对合同管理、《中华人民共和国合同法》的了解和研究不够深入，有的建设单位并未严格按照施工合同范本签订合同，或者不按招标文件和投标书签订合同。

4.项目的竣工验收走过场，缺乏项目后评价

竣工验收是建设项目全过程的最后一个程序，是全面考核建设成果的重要环节。它对保证工程质量，促进建设项目及时投产，发挥投资效益等均有重要作用。通过竣工验收能为项目经济效益后评价提供基础资料。项目后评价指项目建成投产后，当建设项目正式投产营运达到设计生产能力时，对该项目立项、决策、实施、试生产直至达产后全过程的评价。

在政府投资农业建设项目管理实践中存在着诸如建设进度缓慢、建设质量较低、项目及资金管理不规范、投资效益不高等问题。这与新阶段农业基础地位及农业承担的目标、任务不相适应。如何从体制和机制上来加强政府投资农业建设项目管理，保证政府投资农业建设项目实现优质高效，显得尤为重要，迫切需要通过开展项目后评价工作，分清责任，改进管理方法和手段，提高各级项目管理者的管理水平和决策水平，最终提高投资效益。

二、"代建制"在政府投资农业项目管理中的运用

（一）项目管理代建制的含义及主要作用

代建制是指政府的投资项目经过招标或委托，选择那些有相应资质并从事工程项目管理的单位，对工程建设项目的进度控制、投资控制、合同管理、信息管理、质量控制、组织与协调等全过程进行专业管理和服务。其主要作用有：一是明确职责。政府投资主管部门委托中介（代建）单位代行政府投资主管部门对建设的管理权，严格掌握、控制建规模、建设内容、建设标准和项目预算，并负责建设资金，保证投资计划的切实贯彻执行。二是有利于项目管理。中介（代建）单位可以对项目工程建设进行专业化的管理，最终保障建设工程按期竣工和工程质量。三是有利于竞争。代建制采用多环节的招标程序，竞争充分。四是遏制腐败。实行代建制打破了现行政府投资中的"投资、建设、管理、使用"四位一体模式，有利于遏制政府投资农业项目管理运行过程中腐败现象地发生。

（二）科学发展观视野下政府投资农业项目管理采用代建制的可行性

（1）政府职能转变需要建立农业项目管理代建制

由于政府行政垄断，政府的项目管理水平低、投资浪费严重、项目质量低劣、

公务人员腐败现象频仍等问题十分突出。将政府投资农业项目的管理工作交由企业承担，一方面，由于市场资本的逐利性，民营项目管理企业本身天然具有提高管理效率的欲望；另一方面，培育作为合格的专门的项目管理企业可以为管理工作提供充分的物质基础和人力资源。

（2）新农村建设需要建立农业项目管理代建制

在我国广大的农村，各地都希望最大限度地发挥自己的比较优势以取得较快的发展。农业项目代建制是先进的管理方法，要采用科学管理的方法进行政府管理，将最先进的管理方法运用于社会主义政府管理，必将极大地促进社会主义新农村建设。

（3）提高农业投资效率需要建立农业项目管理代建制

代建制企业一般都具有专业化素质，代建合同具有法律效应，便可以使建设、投资、使用、管理权力分开，加强了政府对项目的有效管理，保证了项目建设和管理的专业化水平，有利于实现对项目管理效率的提高。

（三）政府投资农业项目管理代建制应该注意的问题

代建制是政府投资项目管理的一种新模式，适应于未来发展趋势。目前在我国还只是一种新尝试，处于起步的阶段，试行的过程中还将遇到很多新的问题。

（1）对代建人需制定严格的资质标准和考核制度

代建制能否取得成功，代建人的选择是最为关键的因素。目前我国代建人考核制度还未完全建立。项目结束之后，竣工验收单上没有代理制单位签字的地方，这样无法体现中介（代理）人的业绩，影响了以后的考评和升级。同时，代建制项目管理专业性强，程序复杂，需要大量的专业管理人员和技术人员，因此代建机构的专业人员应不断提高自身的素质、职业道德水平、业务能力，使其业务技能和知识层面不断补充和更新。

（2）完善中介（代建）费用管理制度

中介（代建）的费用计算不合理。现阶段，我国大部分实施了代建制的地区对代建人获取的代建费有原则性的规定：通过公开的招投标方式，依据工程投资总额的一定比例来确定相应的代建费，其总额不能超过现行标准规定的建设单位管理费用上限。在实践中这一原则易产生两方面的问题：一是现行建设单位的管理费标准满足不了中介（代建）工作的需要，以致代建制度难以推进。二是在我国担保机制和信用机制不健全的情况下，代建工作投标时易导致代建人的无序竞争，迫使代建费用一降再降。为了避免上面的两种倾向，保证代建制度顺利实施，对待建费应采取适当的宽松政策。

（3）完善工程担保及保险制度

建筑业中，工程担保是一项惩戒机制。通过保函的无条件支付功能它可以实现快速理赔。能很好地解决代建单位或承包商的道德风险问题和其逆向选择的问题，是建筑经济的内在稳定器。担保人提供担保同时要求反担保，实质上让风险制造者同时成为风险承担者，从而有效地约束了代建单位或承包商。

（4）加强相关法律法规建设

要尽快制订相关的《政府投资农业项目制管理办法》，并编制《政府投资农业项目中介（代建）合同示范文本》，以此来规范代建制管理项目中的各利益主体的行为，实现"业主投资、政府监管、代建管理、各负其责"的目标。

第八章 新时期农业现代化及经济管理

第一节 农业现代化概述

　　现今世界普遍认为，农业是一个国家经济社会发展和进步的基础。改革开放以来，我国经济发展取得了巨大成果，农业也有了较大进步，农业机械化程度大幅提高，农业产能持续提高，农业生产结构也得到了一定程度的优化，农业从业人员收入持续增加。但随着我国经济发展阶段的变化和时代发展的变化，现阶段我国农业发展还需进步，这主要是我国现阶段农业还处于传统农业向现代化农业转变的阶段，已经落后于我国工业现代化进程太多，对比发达国家更是存在诸多不足，农业生产管理体系落后、市场化程度不足等问题突出。这些农业发展中存在的问题会直接影响整体国民经济的发展，还会引起其他一系列问题，如农业从业人员收入偏低，导致贫富差距拉大，还会影响粮食作物产量，以至于不能满足当代人们日益增长的物质需求，引起粮食危机等一系列问题。农业现代化是解决农业发展问题的必经之路，2008年中共第十七届三中全会把农业现代化正式定为发展战略目标之一，2014年出台的"中央一号文件"中明确提出要加快推进农业现代化步伐，今年是"十三五"开局之年，"十三五"规划纲要中明确提出推进农业现代化方针，以配合我国全面实现小康社会和现代化的目标。

一、农业现代化的基本内涵

（一）农业现代化概念

　　在农业问题的研究领域，通常会涉及农业现代化、农业机械化、农村工业化这三个概念，有些学者在研究与传统农业相对的农业形式时，会根据自身研究情况，通用这三个概念，但这几个概念内涵的界定，学界目前还没有较为权威的论述。张培刚在阐述工业化的定义时曾经提及这几个概念，"早在40多年前我就说过，我关于'工业化'的这个定义是试用性的，但它比其他学者所用的定义或解释要广泛得多。因为它不仅包括工业本身的机械化和现代化，而且也包括农业的机械化和现代化。"而后，其在论述关于基础设施和基础工业的"先行官"作用时又说道："在我的上述'工业化'的定义里，不仅包括有农业的现代化和农村工业化，而且还强调了基础设施和基础工业的重要性和他们的'先行官'作用。"在他的这两段论述中，我们可以发现，张培刚先生对于农村工业化和农业机械化这两个概念是通用的，没有加以严格区分。

农业现代化的概念，由于提出较早，目前学界已有统一的认识。一般来说，农业现代化是指从传统农业向现代农业转化的过程和手段，在这个过程中，农业日益用现代工业、现代科学技术和现代经济管理方法武装起来，使农业生产力由落后的传统农业日益转化为当代世界先进水平的农业。实现了这个转化过程的农业就叫作农业现代化的农业。农业现代化是一个动态的过程，具有时代性和世界性的特点。农业现代化可以概括为"四化"，即机械化、化学化、水利化和电气化，机械化排在农业现代化的首要位置。农业机械化，一般是指运用先进设备代替人力的手工劳动，在产前、产中、产后各环节中大面积采用机械化作业，从而降低劳动的体力强度，提高劳动效率。由此可见，农业现代化的概念范畴应该涵盖农业机械化和农村工业化，而农业机械化和农村工业化是可以通用的。

（二）农业现代化的基本特征

从目前世界农业发展的大趋势和社会环境来看，中国的农业现代化，至少应具备以下6个方面的基本特征：生产过程机械化、生产技术科学化、增长方式集约化、经营循环市场化、生产组织社会化、劳动者智能化。各国农业现代化的道路虽然不尽相同，前进的速度也有差异，但它们都希望到达同一个目的地。

二、中国农业现代化的特点

在分析、界定农业现代化的基本内涵的同时，学术界对中国农业现代化的基本特点也进行了深入研究，普遍认为，中国农业的现代化是一个系统工程，实现农业现代化将是一个长期而艰巨的任务。各位学者的观点表述上虽有差异，但通过梳理后可以发现，这种差异主要是研究视角的差异。

从世界农业现代化的发展来审视中国农业现代化的学者们认为：从世界上已实现农业现代化的国家来看，农业现代化大体有三种类型：一是以美国、加拿大、俄罗斯等国为代表，他们主要走从现代机械技术起步到现代生物化学技术的发展道路；二是以日本、荷兰、比利时等国为代表，主要走从现代生物化学技术起步到现代机械技术的发展道路，三是以法、德、英等国为代表，走机械技术与现代生物化学技术同步发展道路。中国农业的现代化既不能走以美国和西欧国家为代表的人少地多型的、以机械化和化学化为特征的道路，也不能照搬以日本为代表的人多地少型的、以生物技术的实现现代化为主要特征的道路。而应根据中国特定的条件，走资源节约、技术优先发展的道路，走现代生物技术与现代机械技术、精耕细作的传统技术与现代农业科技、机械化、半机械化与手工劳动有机结合起来的道路。

中国农业现代化道路至少应具有多样性、综合性、工程化等三个显著特点。也有学者认为，中国式的农业现代化是农业现代化加农村工业化，其发展道路应该是走集约农业、高效增收和持续发展的路子。把农业现代化看作一种过程的学者们认为，中国农业现代化的特征应从其所具有的动态性、区域性、世界性和时代性、整体性上去分析。因为农业现代化是一个相对性较强的概念，只有阶段性目标而没有终极目标，即在不同时期应当选择不同的阶段目标，以及在不同的国民经济水平层面上有不同的表现形式和特点。同时农业现代化具有很强的区域性特点，不同国家、同一国家的不同区域、同一区域的不同地区，农业生产的条件有很大差异。但强调这一点，并不能否认我国农业在现代化的过程中，将要融入经济全球化的大背景下，因而也应站在全球化的高度来分析农业现代化，依国际标准来确立中国农业现代化的目标，认为农业现代化是一种手段的学者们则从农业现代化的构成要素上来分析农业现代化的基本特征，认为农业机械化是农业现代化的基础；生产技术科学化是农业现代化的动力；农业产业化是农业现代化的重要内容；农业信息化是农业现代化的重要技术手段；劳动者素质的提高是实现农业现代化的决定因素；农业的可持续发展是农业现代化的必由之路。

以上学者们对中国农业现代化特征的表述，都有可取之处，如同我们讨论农业现代化的内涵一样，对其特征的描述也可以是多角度的。

我国农业现代化应避免重复发达国家实现农业现代化过程中出现的弊端，走适合中国国情的农业现代化发展道路，以加速传统农业向现代农业的转型，但也要避免"一刀切"走灵活多样的发展道路。从整体上看至少应具备如下特征：第一，把现代生物科技与机械技术结合起来，寻求传统的精耕农作技术和现代化农业在保持生态良性循环下的有机结合；第二，农业现代化必将与农业的商品化、产业化、集约化相伴随；第三，就全国而言，农业必将走内涵发展的道路来提升劳动生产率和国际竞争力；第四，把农业现代化的目标实现与城乡差别、地区差距的缩小、农村工业化与乡村城市化以及农民的现代化等问题有机结合起来。因为中国农业现代化的发展不仅局限于农业内部，它与国家经济结构、产业政策的调整、城乡关系的调整、农民与农村的现代化密不可分。

三、加快推进乡域农业现代化的策略

乡域是发展现代农业的基本单位，具有基础性、具体性、复杂性的特点，乡域内发展现代农业应求稳为主、忌急忌快。结合该区域经济、社会及生态条件，制订发展战略，以此促成乡域现代农业格局。

（一）科学规划，合理布局，在产业布局上有新突破

培育优势农产品和优势产业，应从合理规划产业布局入手。目前，很多乡镇还没有明确统筹的产业布局规划，从乡镇到村的产业布局线条模糊。应根据资源优势和区域特色，科学规划5年以上产业和产品区域布局，在发展产业中有所为，有所不为，突出特色，加速区域化、专业化生产和规范化经营。

（二）推广科技，强化培训，在科技创新上突破

发展农业现代化，离不开科学技术，农民对农业技术的掌握、运用是提高农民抗风险能力和投入产业化发展的信心来源。发展农村科技，应着重解决好以下几个方面的问题：

加大新品种、新技术、新农资的引进。发展现代农业，走农业产业化之路，关键是要加大新品种、新技术、新农资的引进，以无公害农产品的市场安全准入为标准，提高市场竞争力，树立产业品牌。通过培植农业科技示范户等途径，大力开展新品种、新技术的引进、推广、示范活动，组织广大农民不定期到示范基地参观、学习，充分发挥农技站在技术推广中的积极作用，将农村实用技术转化为生产力。

加强培训，加大科技推广力度。培训是推广农村科技的有效方式。通过田间学校、田间工作站等形式，整合各种培训资源及培训资金，通过组织培训、邀请农业专家等形式，将农村实用技术送到农民手中，送到田间地头。同时充分发挥镇、村农技推广队伍及专业合作社的辐射带动作用，扶持培训专业技术协会等科技服务组织，实现多元化、社会化的科技发展推广网络。

积极引导，加快农业科研开发。按照企业办科研的方式，积极鼓励种植大户采取多种形式与农业大专院校、科研单位合作，共同开发新技术、新产品，提高产业的科技含量，不断形成通过科技支撑带动农业发展的强大动力。只有拥有自己的科技创新再生力，才能使农业保持旺盛的生命力。

（三）加大招商引资力度，发展龙头企业

龙头企业的发展水平是农业现代化发展水平的重要标志。龙头企业具有开拓市场、引导生产、深化加工、搞好服务的综合功能，能够带活农村，把千家万户

的小生产和规模化的基地生产相对集中起来，形成面向国内外大市场的生产经营模式，提升农村工业化水平。要以工业的理念，加大招商引资力度，引进具有一定技术、资金的大户，尤其是要引进具有成熟的农业种植技术，能够在农民中起到积极的辐射带动作用的大户，按照科学产业布局，实现产业的规模化，形成龙头企业带动的好势头。

（四）加大农业结构调整力度，发展设施农业

设施农业是现代农业的标志，具有生产集约化程度高、技术密集、商品化率高等特点。大力发展设施农业，对于提高土地产出率、资源利用率和劳动生产率，对于加强农业基础地位、提高农业效益和竞争力，促进农业增效、农民增收具有十分重要的意义。通过各级政府制定的惠农政策，大力发展设施农业，努力把设施农业转化为建设现代农业的重要载体，形成农业结构调整的重要标志，培育成为农业增效、农民增收的重要产业。

（五）建立农产品安全生产保障机制

农业安全已经成为制约县域现代农业发展的最大障碍。在农产品安全生产上，要乡（镇）、村、农产品基地三级联动，形成一个安全农产品生产保障体系。镇级机构负责镇域内安全农产品生产的宣传和监督工作，积极推动标准化基地建设及农产品的"三品"认证工作。各村要设立安全员，负责对村域内生产单位及个人生产过程的监督和检查。农产品基地要建立生产台账和生产资料出入库制度，从源头上把住农产品生产质量关。

四、国外农业现代化的模式比较

国内现有的研究成果，一般将世界各国农业现代化的模式化划分为北美、日本、欧洲国家、印度等几种主要模式，尤以北美模式和日本模式最为典型。由于人少地多，美国主要是通过农业机械化和土地规模经营实现农业现代化。与此相反，日本为了解决人多地少、资源贫乏的问题，选择的是依靠技术创新和资本大量投入来实现农业现代化。

（一）美国农业现代化模式

美国依靠得天独厚的自然条件、现代化的装备与发达的科学技术，以及高效率的管理，创造了世界上最发达的农业。美国农业现代化模式具有以下显著的特征：其一，技术创新在农业现代化过程中扮演了重要角色。由于人少地多，劳动力短缺，大大刺激了农业技术、特别是农业机械的发展。广泛运用农业机械，不仅弥补了劳动力短缺，而且极大地提高了农业剩余的供给能力。其二，土地大规模经营是美国农业现代化模式最显著的特征。农场是美国农业生产的基本组织，

美国农场分为家庭农场、合股农场和公司农场三大类，其中家庭农场占全部农场总数的90％以上，其农产品销售量占美国的70％以上。其三，政府的农业政策起了重大推动作用。美国政府的农业政策主要有对农业资源的保护政策、农产品价格补贴政策、农业信贷政策等。其目标是稳定、保护农业和农民正常利益，保证消费者得到可靠的供应，维护市场秩序。其四，充分发挥农业服务体系的作用。在美国的家庭农场和农资市场、农技市场、农产品销售市场之间，有着完善的服务体系，其主体是合作社，完全由农民自发联办，主要活跃在流通及农产品初加工、储运环节，把分散的农户与大市场联结在一起。类似于美国农业现代化模式的有加拿大、澳大利亚等国。

（二）日本农业现代化模式

日本由于地少人多、资源贫乏，农业在第二次世界大战中遭到严重的破坏等诸方面因素，决定了日本农业现代化道路的艰难性，其现代化模式也有它独特的一面：选择的是一条依靠技术创新、资本大量投入来加快实现农业现代化的道路。二次世界大战后日本农业现代化发展模式有如下显著特点：一是政府对农业发展的强力主导和干预。日本政府结合农业发展不同阶段的特点制定相应的农业发展规划和基本政策，为实现农业生产现代化指明方向。同时，完备各种农业法规，保障农业发展，保证农业现代化的实现。二是大力引进国外先进技术。从美国引进小型拖拉机，加以改造后普及推广。从中国引进水稻插秧机，研究、改进成适合日本使用的插秧机再出口中国。日本政府在农业科研与技术推广上发挥了重要作用，从法制上保证、组织上协调、资金上支持。三是充分利用财政、金融等手段，对农业实行高资本投入。20世纪六七十年代，日本每年对农业的投资，都相当于当年农业总产值一倍半以上，最多的一年竟达六倍。日本政府充分利用财政金融手段，不仅直接对农业实行国家补贴，以保护和促进农业发展，还通过发放低息政策贷款，调动农民积极性，诱导农民贯彻国家农业政策。

五、国外农业现代化经验借鉴

认真分析、研究和吸纳国外推进农业现代化的经验和教训，不但给我们以很多有益的启示，更重要的是可以使我们少走弯路，缩小与世界先进国家的差距。

启示一，农业现代化路径的选择必须根据本国或地区的自然、社会经济条件。农业现代化的推进离不开各种农业生产技术的广泛采用，而采用何种技术需从各国或地区的实际情况出发。美国由于耕地多而劳动力不足，走的是一条注重机械技术的资本密集型道路；日本和中国台湾由于地少人多，地形复杂，加之亚洲农民固有的土地情结太重，所以二者的发展注重采用生物化学技术。同时，为了弥补小农业吸纳劳动力有限这一不足，在日本和中国台湾地区农户的兼职化倾向十分明显。

启示二，农业科学技术和农业教育的发展是实现农业现代化的一个重要条件。众所周知，农业的科技含量越高，其所带来的社会效益就会越大。日本的农业科研机构和专业设置齐全，设备和研究手段先进，经费充足，多年来为农林水产业提供了大量研究成果；法国对农民实行技术教育和轮训制度，特别是对青年农民立户，要求其必须完成义务教育后，经过专门农业学校学习，并到农场实习，成绩合格取得绿色证书后，才能得到政府承认。这些措施对促进农业技术改造、农民技能提高和农业劳动生产率的增长起到了重要作用。

启示三，农业现代化的推进需要土地制度的适时变更。从美国的土地租佃制到法国推进土地规模经营政策法令；从日本反封建农地改革再到中国台湾地区旨在实现"耕者有其田"的土地改革，都是适应了当时的实际情况，释放了当时的农业劳动生产力，激发了农业劳动者的积极性，实现了农业生产的巨大飞跃。

启示四，农民互助合作经济组织成为农户走向市场的桥梁。无论是美国的农产品销售合作社，还是日本的农协、法国的合作社、中国台湾地区的农会等，均在各自实现现代化农业的过程中发挥了不可替代的作用。这些组织不仅减少了中间商对农户的盘剥，而且增强了农户抵御市场风险和意外自然灾害的能力。

启示五，政府对农业的扶持和保护对于实现农业现代化至关重要。美国、日本、法国和中国台湾等国家和地区，都竭尽全力从立法、政策（包括财政、金融、外贸等）、科技教育等方面支持农业的发展，为农业现代化的顺利推进提供了有力的保障。

第二节　农业经济管理和农业现代化的相关性

在当前社会形势下，科学技术是极其关键的，而农业现代化发展需要打破传统农业生产模式与方法，应用新的技术来服务农业生产，提升农业现代化生产效率，增加农民的农业收入。

一、农业经济管理的内涵探究

农业经济管理是指通过社会上的资源和产品等的分配、交换、消费等过程统筹、调配、协调农业经济活动，促使农业生产、农业经济的有机统一，保障我国的农业生产健康有序发展。农业经济管理包括了农业管理、农业经济的各个相关部分以及相关的企业和经营活动管理等，是包含整体农业生产的管理。随着农业现代化发展的不断推进，农业经济管理也应当随着发生改变，才能够更好地为农业发展服务。首先，农业经济管理要做好技术改进，要根据农业现代化的技术特点和技术要求做好相应的生产技术管理工作。其次，要适应农业现代化带来的农业规模经济，规范相应的经济管理活动和过程。总体来说，农业现代化发展趋势下，农业经济管理要从农业管理的要求和规范、农业管理方式等方面都做出相应的改变。

二、农业现代化的主要内涵

农业现代化的概念是指将过去传统的农业生产方式转变为运用现代工艺进行生产的农业生产方式，现代生产工艺主要是指现代科学以及相关技术设施。与传统的农业生产方式相比，农业现代化的本质特点主要集中在以下三个方面。首先，农业现代化是指在农业生产过程中利用各种现代化的机械进行生产，并且用相关设备代替人工作业，并且在农业生产过程中使用了化肥和农药等提高农产品的产量。其次，农业现代化在生产技术方面是通过良好的农业环境、高效的农业生产力对自然进行合理、科学的利用和改造进行的，农民的生产经验只是其中的一部分，并且随着农业现代化建设不断推进，很多生产经验已经不能适应当前农业现代化发展的要求，农业现代化的生产技术就是不断提升农业生产力。最后，在农业生产规模方面来说，农业现代化具有明显的区域性、专业性特点，在生产过程中的分工十分明确，提升了相关的生产效率，提升土地利用率，直接、间接地提高了农业生产规模，农业生产力达到了空前的成绩。

三、提升农业经济管理和农业现代化相关性的对策

（一）大力发展生态循环农业生产模式

随着社会上对资源生态环境问题的关注不断提高，农业现代化发展也不仅是提高产量和质量，而是要尽量地降低农业生产的耗能，注重农业生产的生态效应和可持续发展，因此要积极发展生态循环农业。将生态环保、绿色节能和循环农业的理念落实到农业现代化的建设和发展过程中，并且将减量化和循环再利用作为现代农业生产和农业经济管理的重要原则，在"沃土工程"、新型农药研发等多个方面采取积极措施，发展生态循环农业。

（二）改善农业现代化的农业经济管理形式

农业现代化的发展迫切要求农业经济管理能够有效地延伸农业产业的链条，发展集生产、养殖、加工、销售、产业、商品为一体的农业现代化产业链条。首先，要积极优化农业结构，根据各个地区的农业生产优势确定和调整农业结构，以此来提高农产品的产量和质量，并逐渐建立安全、生态的农产品生产销售降低。

其次，要充分发挥农业企业的积极作用，政府应当加大对相关企业的扶持力度，充分发挥和增加企业的辐射面，增强农业经济发展管理模式。另外，在农业现代化背景下做好农村剩余劳动力的转移和解放工作，降低社会就业压力，构建稳定的基础，这也是农业现代化发展背景下农业经济管理的重要内容。

（三）注重对农村地区农民的综合素质培养

农民在农业生产过程中占据着主体地位，是农业现代化和农业经济管理的主体和主要对象，要从资金、技术和政策等多个方面强化农业的综合素质。政府应当对农民展开积极的培训，注重农民的转移就业和技术培训，鼓励农学院学生、相关人才和工商企业等参与到农业生产、农业经济活动中，积极改善农民的生活环境，建设农业经济管理信息化工程，不断引导农民提升自身的综合素质，为农业现代化发展和农业经济管理提供可靠的支持。

（四）强化现代科学技术的应用

农业现代化的本质就是农业生产技术的科技化，充分的利用现代科学技术一方面能够改善农业产品质量与品质，同时还可以有效地提升产品生产效率。在科学技术应用的过程中需要注意对农民进行相应的技术培训，从而使其掌握一定的农业技术。由于在农业生产过程中农民是主要部分，因此，提升农民的农业技能能够直接推动农业生产科学技术的应用。其次，要加强农业基础设施建设工作，农业基础设施建设是农业现代化和机械化的重要保证，从农业水利工程、灌溉工程、生产路修建和平整等方面采取积极措施。另外，要在农业技术发展方面加大相关的科学技术投入，加强相关农业科研单位与农业生产基地的联系合作，从而将科研成果最大化地转化为经济价值，注重新品种及技术的引进，提升当地地区的农业生产科学水平。

第三节　实现农业现代化过程中经济管理存在的问题及对策

随着我国社会经济的快速发展，实现农业经济的现代化发展，也是时代的需要，因此，对农业经济管理提出了一定的要求。农业是我国社会经济的重要保障，但是当前的农业经济管理中，仍然存在比较多的问题，对农业经济的发展产生了一定的影响，特别是农业经济管理方面，因此，要实现农业经济的发展，就要依靠先进的科学技术，充分的发挥政府职能，实现农业产业的调整，促进农业现代化的建设和发展。本节针对当前农业现代化建设和发展中经济管理方面存在的问题，有针对性地提出了相关措施，以便更好地促进农业经济发展。

一、农业现代化建设经济管理中存在的问题

（一）农业经济管理体制不健全

每年的农村会议及国家中央召开的会议，多次强调农业现代化建设经济管理的重要性，并将其视为国家的一项重大任务。然而，我国农业经济管理体制制度没有建立、健全，这已经是一项遗留的历史的问题，其产生与发展远远落后于农业的发展，且无法满足及适应当前农业的发展。甚至于，落后的农业现代化管理成了农业向前发展的拦路虎，使农业的进步与发展失去动力与活力。因此体制不健全在一定程度上阻碍农业经济的发展，对于国家的发展而言是非常不利的。

（二）农业经济管理理念相对落后

农业经济管理在长期发展中并没有跟上时代的步伐，其存在管理的条件落后，但更重要的是管理理念的落后。例如，农产品常出现的质量问题、市场问题及再加工问题等，根本原因是农业缺乏系统的管理，对农产品的产生没有进行严格地把关，或是不重视农产品的质量问题，在其产生过程中缺乏一定的技术评判标准，生产的流程不规范等，同时仍然处于被动销售的状态，没有对市场需求进行详细地分析，以及销售的手段多是停留在人工在市场被动销售，没有积极采取一些营销的手段或是改善销售的手段，如网上销售，或是加工成品的销售等，这些都表明了农业经济管理理念的落后。

（三）农业经济管理技术手段落伍

科学技术是农业生产的第一动力。特别信息化快速发展的今天，农业的信息科学技术的发展显得非常重要。然而，我国农业经济本身发展相对落后，同时农业多是分布在偏远的农村及小镇，基础设施非常落后，不能正确认识信息科学的用处，甚至没有接触过信息科学的发展。同时，农业的发展不均衡，缺乏必要的技术管理人员，不能满足农业现代化的发展要求，同时也是限制农业现代化发展的一种重要因素。

（四）农业经济管理队伍发展落后

国家重视农业的管理与发展，并对农业的发展投入了一定的人才与资金。但是，农业经济管理的好坏取决于领导农业管理发展的团队。管理者受教育水平及拥有的管理技术决定了农业管理发展的程度。社会的进步，经济的发展，教育水平的不断提高，农业经济管理的知识已经不只是农业这一学科，其中还包含了管理、法律、经济等各方面的知识，这对于管理者提出了更高的要求。若是管理者自身没有与时俱进，及时补充自己的不足之处，自身的发展落后与农业现代化管

理的发展，如何促进农业管理的发展的进步，如何推动农业经济的发展。

二、现代化农业建设背景下的经济管理策略

（一）建立健全经济管理相关制度

建立健全的经济管理体制对农业现代化建设有着积极的推动作用，主要建立内容体现在以下几个方面：

第一，农业领域在实际发展过程中虽然会生产大量的农作物，对人类社会的可持续发展奠定着良好的基础。但是农业现代化建设的同时也会造成很多能源、资源的浪费，相应的废物也会间接地出现在农业现代化建设中。这种情况的出现不仅会给经济管理工作的开展造成困扰，还会间接的影响农业现代化建设水平。所以相关管理团队需要注重新型经济管理体制的建立，同时还要将低碳环保、资源循环利用等理念应用其中，以此来提高农业现代化建设质量。

第二，在农产品销售渠道扩展方面，相关管理团队需要根据现阶段农产品市场的发展情况建立科学的经济管理体制。对于影响市场营销中涉及的营销手段、产业链建设等内容也要进行全面的分析与研究，从而为农业现代化建设的开展奠定良好的基础。

（二）立足群众，拓展融资方式

经济是社会发展、国家进步的根本源泉，也是我国农业发展的重要推动力量。为此，要实现农业经济的根本性发展，就必须依靠资金的支持，才能从真正实现农村经济的科学管理与发展。但由于政府对于农村经济的投入非常有限，因此我们必须拓展资金的来源渠道，除了要寻求政府的拨款援助，还需要社会各界的大力支持。此外，要吸引大量企业投资农村经济，这样不仅能解决农村经济资金问题，也能充分利用剩余农村劳动力，激活农村整体经济的发展。

（三）实现农业经济管理的信息化

信息化是现代化发展的重要标志，更是我国现阶段各领域发展的重要目标。农业经济作为我国国民经济的重要组成，也必须与时俱进，加快信息化建设，实现农业与科技的充分结合，实现农业经济效益的全面提升。电子信息平台是农村经济管理信息化实现和完善的重要方式，通过它能有效实现信息的整合与处理，资源的分析与共享，并根据相关的数据实现科学的规划与对市场需求的掌握，全面促进农业经济管理水平的提升。

（四）注重发展农业科技

科技进步是农业得以发展的本源。第一是应对农业人员加以培训，使其充分

掌握现代化的科技能力。同时需要培养新型的农民，使其了解信息科学技术在农业发展中的重要性，并了解现代化的农业设备的应用，提高农耕和生产农产品的效率，这最终才能充分保证农产品的质量。第二是在农业经济管理中加强基础设施建设，改善农业的水利灌溉环境，并尽可能利用水资源循环使用的设施，节约水资源。充分发展农业科技，不仅事半功倍，还可以确保农业现代化持续进行。

（五）建立高素质的农业经济管理队伍

农村经济管理要实现有效性，高素质的管理队伍是不容忽视的重要环节。为此，应重视农村经济管理人员的选拔和素质培养，严格的管理、定期的专业素质培训都是必不可少，这样才能建立一支技术过硬、专业性强的经济管理队伍。此外，还要重视对大学生的引导和鼓励，通过机会的给予和合理的奖励为其营造健康、向上的工作条件，将其所学服务于农村经济管理，全面促进新农村建设的快速发展。

（六）提高对农村经济管理的认识，加快农民专业合作经济组织建设

农业部门应该提高对农村经济管理的认识以及意识到它的重要性，在农村经济发展的新阶段，针对党对农村提出的政策要切实进行落实实施，加强农村经济的管理工作，充分保障政策的制度化，经常化以及它的稳定性。保证农村矛盾的化解，保持农村的稳定，保护广大农民的切身利益，从而调动农民对生产的积极性，达到增加农民收入的目的。根据市场发展和带动工业发展的要求，做好农产品加工的基地规划和产园的建设，加强对试点地区的管理力度，使其农民合作经济组织成为市场的纽带，达到加速提升农村经济发展的目的。

三、农业经济管理的信息化建设

（一）推动农业经济管理信息化的重要性

为了让传统农业向知识性农业转变，农业经济管理的信息化必不可少。知识型农业指的是在生物工程的基础上，采用其先进的科研成果并加入信息技术对传统农业进行改造，实现农业现代化。相比于我国还在以资源型为主的农业发展现状来说，信息技术还没有在农业中有很多的应用。有鉴于此，必须大力发展信息技术，并利用农业经济管理信息化把我国的资源型农业转变成知识型农业。农业经济管理的信息化在很大程度上可以促进农民增加收入。近几年，我国农民农作物产量上来了，但是经济收入却没有显著提高，这在一定程度上是由于信息不通畅所造成的。在市场经济的背景下，市场农业要求农民要根据市场需求安排生产经营，才能达到增加收入的目的。农业经济管理的信息化为农民能及时了解市场

动态提供了可能。

（二）在农业经济管理信息化过程中涌现出的问题

1.对农业信息资源开发不全面

由于没有认识到农村经济管理信息工作的重要性，我国农村经济管理信息工作普遍存在着管理机构不全、人员不专业、经费短缺等现象。这也就直接导致了农村信息资源的开发利用率低，行业间的信息得不到共享，对农业数据库及农业信息系统的开发滞后，发布的农业信息对农民的生产没有太对指导作用，离农民想要的信息需求还差很远。目前各地发布的农业信息还主要停留在价格的变化，而对国内及国际市场的系统科学的分析和市场预警信息的发布还不完善。这样一系列的因素，也就增加了农村经济管理信息化的难度，并使得其服务农民，帮农民增加收入的目标难以实现。

2.缺乏对农业信息化的认识

在当前的农村里，大多数领导并不了解农业信息化建设的具体实施方法和步骤，并对其服务体系也毫无概念，工作重点也不在农业信息化建设和发展上。以至于有的地方领导把利用计算机上网就看作是农业信息化，这种认识上的偏差也就直接导致了农业信息化建设的主动性不高。

3.农业信息化人员专业性不强

据了解，从事基层农业信息工作的工作人员大多数都是跨专业的，与此同时，农民由于其文化素质较低的原因在获取及利用农业信息方面的能力不强。大多数农民都没有经过正规的信息化培训，计算机知识及操作能力都较差，所以让他们通过网络获取和发布信息显然有点不太现实。这些都影响了农业信息化进程。

（1）大力发展农业与农村科教事业，提高农民素质

教育是百年大计，一个地方的经济发展水平与受教育程度也是联系紧密的。要发展农村经济，就要发展和完善农村的教育体系，扫除文盲。唯有大力发展农业与农村科教文化事业，提高农民素质，让所有的农村人口都能受到不同程度的教育。这是一项长期的任务，发生效用的时间也非常长，但这是减少传播障碍的一个有效的方法。

（2）创新农业传播体制和机制，完善农业传播体系

根据我国国情和农业行政部门设置分散的现实，为满足社会主义市场经济条件下政府和农民两者对农业传播的目标要求。从根本上解决我国农业传播工作因体制原因造成的问题，借鉴国外成功经验，应该确立这样的创新思路：理顺管理体制。逐步形成"小政府、大服务"的格局；转变机制。创办经济实体办成第三产业；建立农业传播基金和奖励基金；变"三足鼎立"格局为"三农协作"体系。

并使我国农业传播体制逐步成为在政府农业行政部门的直接领导下，以国家办的具有综合功能的农业传播机构为主体，民间团体和农民群众广泛参与，农业科研、教育密切配合的农业传播体制。

（三）推动农业经济管理信息化建设的策略及建议

（1）结合实际情况科学规划并分步实施

根据全社会信息业发展的趋势，利用最先进的技术，高屋建瓴的研究制订农村经济信息管理现代化建设的规划，并提请专家研讨及论证，而后逐步实施下去。

（2）扩大资金投入，想方设法解决资金问题

不言而喻，农业经济管理信息化建设所需要的资金是巨大的，地方各级政府应该加大启动资金的投入，并为其设立专项资金。可是政府的投入也是有限的，而社会的力量是巨大的，政府应该统一规划并引入竞争机制，依据谁投资，谁受益的商业法则，吸引各类企业及个人的投资。

（3）加强农业信息化建设的人才队伍的建设

农业科研管理水平是由管理人员的素质来决定的。由于现代信息技术的发展非常迅速，以及农业科研管理的内涵越来越多，管理手段也在不断地更新，这就要求农业科研管理人员要通过不断地学习来充实自己，以达到适应社会发展的要求。

（4）加强基础网络建设，健全信息化网络体系

农业经济管理的信息网络体系主要由以下几个方面组成：农村基础传输网络、专业计算机网络、电信业务网络和广播电视业务网络。农业经济管理信息网络体系的建设包括信息资源的开发利用和信息网络的应用这两个方面。要形成有市、县、乡、村，以及与厂家、商家都相互联通的网络体系，使得全球化信息可以及时的传到农户家里，农户也能及时地发布农业信息，从而达到资源整合及共享的目的。

（5）规范农业信息服务体系

由于旧有的农业信息服务体系存在着缺陷，使得市场需求与农产品的产出之间容易出现不对称的情况，经常会出现农产品生产过剩而滞销的情况，严重损害了农民的经济利益。因此通过规范和完善农业信息服务体系，及时地向农户提供市场信息，以利于其增加收入。

综上所说，农业经济管理信息化建设是一项庞大的系统工程。

参考文献

[1] 赵云英.把握新时期农业经济学科的发展趋势——评《新时期农业经济与管理实务》[J].中国农业资源与区划，2020，41（11）：2-6.

[2] 陈光艳.新时期我国农业经济管理与可持续发展探讨[J].河北农机，2022（22）：115-117.

[3] 王翠莲.探究新时期农业经济管理现状和对策[J].农业与技术，2018，38（6）：2-7.

[4] 区长征.大数据时代下农业企业财务管理的创新机制研究——评《农业企业纳税实务指导·实操·筹划》[J].中国食用菌，2019，38（5）：1-8.

[5] 党晶.新时期农业经济管理与可持续发展规划的探究[J].商业2.0（经济管理），202，（14）：1-3.

[6] 李梅.新时期农业经济管理的现状及对策分析[J].经济管理文摘，2019（9）：24-25.

[7] 朱哲，姜广博.新时期我国农业经济管理与可持续发展研究——评《农业经济管理与可持续发展研究》[J].当代财经，2020（3）：2-6.

[8] 董兴旺.新时期农业经济与管理路径简要分析[J].农民致富之友，2022（34）：3-4.

[9] 阳敏.新时期农业经济管理存在的问题及解决策略初探[J].农村科学实验，2022（19）：65-67.

[10] 吴丰宋磊.新时期农业经济管理信息化制约因素与发展路径探讨[J].智慧农业导刊，2022，2（22）：74-76.

[11] 濮延红.新时期农业经济管理信息化制约因素与发展路径探讨[J].河北农机，2023（2）：132-134.

[12] 史卫华.新时期农业经济管理学科发展的思考[J].江西农业，2019

（14）：2-3.

[13] 郎帅，辛璐璐.我国农村合作经济组织的管理问题研究——兼评《农村合作经济组织管理实务》[J].农业经济问题，2018（1）：2-8.

[14] 李欣.新时期农业经济管理学科发展的思考 [J].全国商情·理论研究，2019（24）：139-140.

[15] 武丽霞.新时期农村会计信息化建设的困境与对策研究 [J].农业经济，2020（7）：3-7.

[16] 孙石燕.新农村建设中农业经济管理问题与对策 [J].农业开发与装备，2023（3）：58-59.

[17] 王岩.新时期农业经济转型与管理模式变革探究 [J].中文科技期刊数据库（全文版）经济管理，2021（3）：2-8.

[18] 赵红星，王利斌，董永鹭，等.吉林省特色经济作物毛葱栽培关键技术 [J].农业与技术，2023，43（9）：35-38.

[19] 宋喆.浅析新时期农业经济管理中存在的问题与对策 [J].农村经济与科技，2020，31（18）：2-7.

[20] 邓静.新时期农业经济管理的分析与研究 [J].吉林农业，2019（21）：1-4.

[21] 胡永莲.新时期农业经济管理的分析与研究 [J].山西农经，2019（6）：2-3.

[22] 王召善.新时期农业经济管理的分析与研究 [J].农家参谋，2018（19）：1-2.

[23] 高令远.新时期农业经济管理存在的问题及对策 [J].今日农业，2019（12）：2-6.

[24] 杨素宇.新时期农业经济管理的现状及研究 [J].青少年日记：教育教学研究，2019（1）：1-3.

[25] 杨玉红.新时期农业经济管理的现状及解决方法探究 [J].农民致富之友，2019（24）：1-6.

[26] 郭帅军.新时期农业经济管理现状及应对措施 [J].新农村（黑龙江），2018（32）：1-3.

[27] 陈颖.新时期农业经济管理的现状及解决方法探析 [J].农家致富顾问，2019（24）：1-3.

[28] 李金梅.新时期农业经济转型与管理模式分析 [J].南方农业，2021，15（15）：2-9.

[29] 杨习群.新时期农业经济管理的现状及对策分析 [J].南方农机，2018，

49（13）：1-8.

[30] 李玲玲. 新时期农业经济管理的创新探究 [J]. 中文科技期刊数据库（全文版）经济管理，2022（2）：3-11.

[31] 张现雷. 关于新时期农业经济管理学科发展的探析 [J]. 中文科技期刊数据库（全文版）经济管理，2022（3）：3-6.

[32] 孙伟. 新时期农业经济管理的创新研究 [J]. 新农民，2021（3）：1-5.

[33] 吴梓烨. 黄河口三角洲地区生态农业可持续发展策略探索 [J]. 农村经济与科技，2023，34（6）：75-78.

[34] 程桂珍. 新时期农业经济管理的创新研究 [J]. 中文科技期刊数据库（全文版）经济管理，2021（10）：3-6.

[35] 赵楷雯，瞿成章. 新时期农业经济管理优化策略研究——评《农业经济管理》[J]. 中国瓜菜，2021，34（10）：1-5.

[36] 张永奇，庄天慧. 数字经济赋能养老金融：内在机理，现实挑战与路径选择 [J]. 当代经济管理，2023，45（6）：91-96.

[37] 畅莉华. 新时期农业经济管理学科发展的思考 [J]. 农业开发与装备，2021（12）：68-69.

[38] 徐国芳. 论新时期农业经济管理学科发展的思考 [J]. 中文科技期刊数据库（全文版）社会科学，2021（4）：1-7.

[39] 张亦果. 新时期农业经济管理的思考 [J]. 财讯，2020（30）：16-21.

[40] 王金华. 新时期农业经济管理思考 [J]. 农民致富之友，2020（29）：1-4.

[41] 任晖. 新时期农业经济管理的创新研究 [J]. 农民致富之友，2020（22）：1-5.

[42] 卜峰. 新时期农业经济管理的几点认识 [J]. 农民致富之友，2020（10）：1-8.

[43] 郭亮. 新时期农业经济管理存在的问题及对策 [J]. 财经界，2019（15）：2-12.

[44] 刘彦. 新时期农业经济管理优化策略研究 [J]. 农家参谋，2020（13）：31-37.

[45] 司志爱. 新时期农业经济管理科学发展前景 [J]. 经济管理文摘，2020（8）：2-9.

[46] 谭婧. 新时期农业经济管理的创新研究 [J]. 农家致富顾问，2020（12）：1-6.

[47] 原松梅. 新时期农业经济管理队伍建设发展思考 [J]. 农民致富之友，

2020（11）：128-129.

［48］祝玉英.新时期农业经济管理学科发展的思考［J］.农业开发与装备，2020（8）：1-12.

［49］原松梅.新时期农业经济管理队伍建设发展思考［J］.山西农经，2020（11）：2-7.

［50］王生广.新时期农业经济管理思考［J］.南方农业，2019，13（14）：2-13.

［51］胡星汝.新时期农业经济管理的创新策略研究［J］.农民致富之友，2020（16）：1-9.